CB134699

# SALVANDO UM VIRA-LATA

Mark R. Levin

# SALVANDO UM VIRA-LATA

## A emocionante história de um cão abandonado que conquistou o coração de uma família

TRADUÇÃO

rian Ibañez

Ediouro

Título original
*Rescuing Sprite*

© 2007 by Mark R. Levin
Copyright da tradução © Ediouro Publicações Ltda., 2009

Publicado sob acordo com a editora original, Pocket Books, uma divisão da Simon & Schuster, Inc.

Capa
Ana Dobón

Ilustrações de miolo e capa
Mark Levin

Revisão
Carolina Elisa Wilbert

Editoração eletrônica
Dany Editora Ltda.

**Dados Internacionais de Catalogação na Publicação (CIP)**
**(Câmara Brasileira do Livro, SP, Brasil)**

---

Levin, Mark R.
Salvando um vira-lata : a emocionante história de um cão abandonado que conquistou o coração de uma família / Mark R. Levin ; tradução de Mirian Ibañez. — São Paulo : Ediouro, 2008.

Título original: Rescuing Sprite.
ISBN 978-85-00-02337-8

1. Auto-ajuda 2. Cães 3. Levin, Mark Reed, 1957- 4. Proprietários de cães 5. Relacionamentos humanos-animais I. Título.

08-03874 CDD-636.70929

---

**Índice para catálogo sistemático:**

1. Cães : Relacionamentos humanos-animais :
Biografia 636.70929

Todos os direitos reservados à Ediouro Publicações Ltda.

Rua Nova Jerusalém, 345 - Bonsucesso
Rio de Janeiro - RJ - CEP 21042-235
Tel.: (21) 3882-8200 Fax: (21) 3882-8212 / 3882-8313
www.ediouro.com.br

Este livro é dedicado aos
meus, aos seus e a
todos os cachorros
que necessitam
desesperadamente de um lar

# *Sumário*

# *Introdução*

QUEM PODERIA IMAGINAR que eu ia escrever um livro sobre um cachorro chamado Sprite? Bem, na verdade também a respeito de um cão chamado Pepsi, e ainda de outro, Griffen.

Cada pessoa que ama cachorros tem uma história de amor para contar. Esta é a minha.

Por toda a vida, alimentei paixões envolvendo grandes objetivos e pensamentos. Passei minha carreira de advogado e locutor de rádio trabalhando em questões constitucionais, escrevendo sobre políticas públicas e falando sobre eventos da atualidade. Trabalhei em altos escalões do governo dos Estados Unidos. Escrevi um livro sobre a Suprema Corte. Então, por que escrever *este*? Porque sou, antes de tudo, uma pessoa que ama cachorros. Poucas coisas na vida me ofereceram esse tipo de alegria — e, francamente, tristeza — como as relações com meus cachorros. Isso se refere, em especial, a um velho cão que resgatamos de um abrigo local. Demos a ele o nome Sprite.

Sprite foi encontrado um dia vagando nas ruas de Silver Spring, em Maryland. Acreditamos que se perdeu de sua família original ou que ela o abandonou. Ele foi levado para um abrigo local enquanto esperava uma família que o adotasse. A feliz família que ficou definitivamente com ele foi a nossa.

Sprite era muito bonito. Tinha grandes olhos castanhos e os pêlos mais macios que já toquei. Como logo descobrimos, Sprite também sofria de sérios e graves problemas de saúde, mas não se entregava. Não obstante a idade avançada, era um digno, gracioso e corajoso cachorro. Amigável com todos, fossem seus semelhantes ou seres humanos.

Sprite me emocionou de uma maneira como eu jamais poderia imaginar. Ele me ensinou a valorizar as coisas mais simples e importantes da vida. Logo se transformou em insubstituível membro da família e em uma referência na vizinhança. Mesmo com todos os problemas de saúde, Sprite era cheio de vida. Ele amava a vida. Aproveitava cada momento de tal modo que parecia pressentir como seria breve sua estada na Terra.

Eu amei esse cão. Escrever o livro foi, para mim, doloroso e ao mesmo tempo catártico. Lê-lo pode ser emocionante para você. Espero que lhe provoque alguns sorrisos. Sei que fará você verter algumas lágrimas. Espero que, quando acabar a leitura, você sinta vontade de abraçar seu cachorro — seja na realidade ou na lembrança.

*Capítulo 1*

# Vamos chamá-lo de Pepsi

**1966**

SEMPRE AMEI CACHORROS. Gosto de olhar para eles, tê-los por perto e brincar com eles. Cresci com cachorros. Quando eu tinha oito anos, meus pais compraram um filhote de um amigo ou parente. Era um mestiço, bem negro, com um pequeno ponto branco no peito. Nós lhe demos o nome de Prince.

Lembro a primeira vez que caminhei com ele. Ele tinha mais ou menos nove semanas de idade. Coloquei a coleira em seu pescoço e ele estranhou. Não queria se mover, a princípio. Tive de arrastá-lo até que ele e eu nos acostumássemos àquilo. Não demorou muito. Ele foi treinado em casa. Prince era um cachorro muito astuto. Proporcionou grande prazer à família. Sua única mania, se é que podemos chamar de mania, era o desejo ocasional de correr livremente. E, quando ele tinha essa necessidade urgente, nada podia impedi-lo. Ele conseguia esgueirar-se pela porta da frente, embora a abertura fosse muito pequena. Retornava em poucas horas, ou mesmo no dia seguinte. Deixava-nos muito apreensivos. Mas, quanto a isso, tivemos sorte, porque ele sempre voltava ao lar.

Não muito tempo depois que Prince começou a viver conosco, outro cachorro veio para nossa família — com um avô. Eu estava tendo minha aula de piano quando meu professor e eu fomos interrompidos por um homem alto que irrompeu casa adentro. Estava usando um chapéu de caubói e um longo casaco de couro. Pensei que fosse John Wayne. Minha mãe, Norma, me disse: "Este é seu avô, Moe". Era o pai dela, mas eu jamais o vira antes. De fato, até aquele momento, eu não me recordava de ninguém falando nada a respeito dele. Divorciara-se de minha avó Rosa havia muitos anos. E ficara afastado da família por algum tempo. Eu saberia depois que Pop-Pop Moe — era assim que o chamávamos — serviu nos *Marines* durante a Segunda Guerra Mundial, em lugares como Iwo Jima e Guam. Sofreu seqüelas dessa experiência, pois foi vítima de um colapso nervoso que o deixou quase mudo. Mas ele se esforçava para falar. Depois, percebi que era um sujeito muito engraçado. Ele nos levou, meus irmãos e eu, pela primeira vez a uma corrida de cavalos, para que víssemos tudo perto da pista, e até fez apostas para nós.

Naquele dia em que apareceu pela primeira vez diante de mim, ele caminhou direto até o piano e tirou do bolso do casaco um minúsculo chihuahua. Era uma criaturinha de pêlo castanho e negro, pintalgado de branco. Eu nunca tinha visto nada parecido. Minha mãe deu-lhe o nome de Lady Duquesa de Hawthorne. Lady foi a primeira de três chihuahuas a viver no lar dos Levin, e ela os amava muito. Alguns anos depois, Lady morreu em um acidente trágico. Quando meu avô estava fazendo uma manobra, ela inesperadamente saltou do carro no exato momento em que ele estava fechando a porta. Foi esmagada. Com ferimentos fatais. Nós todos ficamos devastados, em especial ele e minha mãe.

Não demoramos muito para ter outra Lady, minha favorita dos três chihuahuas. Não era uma chihuahua típica. Não latia muito. Sempre foi uma espécie de brinquedo para mim, mesmo quando ficou velhinha.

Prince recebeu bem os chihuahuas na família. Era um cachorro muito alegre e acolhedor. Mesmo quando a primeira Lady rosnava para ele ou tentava mordê-lo, não dava a menor bola. Ele poderia ter facilmente machucado qualquer uma delas com sua mandíbula, mas apenas ia embora.

Prince trouxe muita vida e alegria para nossa família. Meus dois irmãos e eu crescemos com ele, desde os tempos do primário até a faculdade. Eu sempre o amarei e jamais o esquecerei. A terceria Lady, que não foi contemporânea de Prince, morreu em 2000. Eu não a conhecia muito bem, mas suspeito de que tenha sido a favorita de minha mãe. Viveu 15 anos.

## SETEMBRO DE 1998

Eu não queria negar aos nossos filhos a maravilhosa oportunidade de crescer com um cão. Minha esposa, Kendall, não era lá muito fã da idéia. Ela cresceu com dois cachorros que não viviam dentro de casa: Robô I e Robô II. Ela os amava, naturalmente, mas viver com um cachorro dentro de casa é uma experiência diferente. Levei mais ou menos um ano para convencê-la, com a ajuda de meus dois filhos. Havia uma loja de animais chamada Apenas Mascotes, não muito longe de nossa casa. Durante muitos meses eu ia até aquela vitrine para ver se algum daqueles filhotes me conquistava. Não sabia ao certo o que estava procurando, apenas que reconheceria quando o visse. E um dia foi exatamente isso o que aconteceu. Ali estava ele, brincando na vitrine. Um filhote pequeno e negro com a pata esquerda branca, da mesma forma que o peito. Era um recém-nascido de uma ninhada de seis e o único macho. Imediatamente me fez lembrar de meu amado Prince. Desde o instante em que o vi, soube que era meu.

Entrei na loja. A informação na vitrine dizia que eram mestiços de collie e cocker spaniel. Cada um custava cerca de 400 reais. Peguei o cachorrinho da vitrine, aconcheguei-o no meu peito, fiz um cafuné e senti aquele agradável aroma de filhote. Depois de cinco minutos, disse ao dono da loja: "Quero este cachorro". Ele falou que poderia aguardar uma resposta por até 24 horas. Deixei um depósito e disse ao cavalheiro que voltaria lá com minha família. No momento em que me aproximei da porta, pedi: "Não o venda". Ele respondeu: "Não se preocupe, senhor, não farei isso". Então fui direto para casa.

Estávamos no ano de 1998. Minha filha, Lauren, tinha 10 anos de idade, e meu filho, Chase, 7. Era a época certa.

Tanto quanto eu possa recordar, Lauren tinha uma tendência natural a ser muito sensível aos sentimentos alheios. Era solidária e atenta. Normalmente está sorrindo. Sempre vê o que os outros têm de melhor. É uma companhia perfeita para um cachorro.

Chase sempre adorou animais. Não tinha medo nenhum; ao contrário, eles despertavam sua personalidade brincalhona. Imediatamente criava um laço com eles. Os animais percebem o afeto sincero de Chase e sua absoluta falta de reservas. Amam a sua companhia.

Descrevi o cachorro para Kendall e as crianças. Lauren e Chase mal conseguiam conter o entusiasmo e Kendall também estava interessada. Em vez de esperarmos até o dia seguinte, decidimos ir à loja antes que fechasse. Kendall convidou nossa vizinha Linda Levy para vir conosco. Ela era proprietária de um labrador negro chamado Honey Bunch, que tinha uns 6 ou 7 anos de idade, maduro e gentil.

Linda parecia ter um conhecimento especial sobre cachorros. Achei que poderia ajudar. Eu queria muito aquele. Assim, entramos rapidamente no carro e fomos até a pet shop.

Todos ficaram encantados com o filhote. As crianças mal podiam esperar para segurá-lo. Percebi que Kendall estava entusiasmada. Linda sugeriu que colocássemos o filhote deitado de costas para ver qual seria sua reação. Disse que, se ele esperneasse muito, poderia ser um sinal de que era hiperativo. Fizemos o que ela sugeriu e ele não se debateu. Passou no teste, embora, na realidade, para mim isso não tivesse nenhuma importância. Paguei, assinei vários papéis, coletei informações veterinárias e o levamos para casa.

Que nome daremos a ele? Kendall gostava de Jet; Lauren e eu preferíamos Sporty, que fora o nome do cachorro de minha avó Rose, muitos anos atrás. Havia ainda a possibilidade de ser Oreo ou Coke. Mas Lauren acabou sugerindo Pespi, porque, justificava, ele era tão escuro quanto o refrigerante. Chase também aprovou. Como eu também concordava de bom grado, elegemos Pepsi.

Nas primeiras semanas, nós o mantivemos numa cesta em nosso porão, quando era hora de dormir. Isso ajudou muito sua domesticação. Durante certo período, dormi em um sofá próximo dele. Quando fazia um barulho indicativo de que precisava ir ao banheiro, eu levantava imediatamente e corria para fora com ele. Cada vez que ele terminava suas necessidades, lá da parte externa da casa, eu o agradava. Mas Pepsi nunca foi adestrado profissionalmente. Durante essas madrugadas e primeiras horas da manhã, dediquei muito tempo a ele. Brincávamos, eu deixava que ficasse descansando no meu peito e também conversava muito com ele. Sabia que estava diante de uma criatura muito especial. Podia perceber que era excepcionalmente inteligente pelo movimento de seus olhos, de suas orelhas e de sua cabeça ao responder à minha voz. Ele era capaz de compreender com rapidez palavras e comandos.

Durante o primeiro ano, a herança border collie de sua personalidade foi predominante. Isso o levava a correr ao redor da casa, roendo os móveis e as roupas e até mordiscando as crianças aqui e ali — especialmente Chase. Enquanto meu filho era pequeno, Pepsi o considerava uma criatura do mesmo gênero. As crianças eram seu "mascote" preferido. Quando os vizinhos chegavam à nossa porta e Pepsi estava "atacado", tínhamos de nos desculpar por seu comportamento. Costumávamos dizer: "Ele realmente é um bom cachorro. Mas está um pouco excitado". No entanto, francamente, eu pensava comigo mesmo: "Quando é que ele vai deixar de fazer isso?".

Um dia, quando tinha mais ou menos 1 ano, esse comportamento parou de repente. Ele ainda tinha muita energia, ia para a despensa e para o lixo seguidas vezes e gostava de correr ao redor da casa quando estava feliz, mas já não roía nem mordia as coisas.

Tinha a sorte de ter uma maravilhosa amiga na vizinhança. Honey Bunch, de Linda, era como se fosse uma irmã mais velha para Pepsi. Ela não estava na melhor forma, mas quando o via não parava de agitar a cauda alegremente. E Pepsi a amava. Estava sempre disposto a vê-la. Acredito que essa relação, que começou tão cedo em sua vida, o ensinou a ser tolerante e amigável com outros cães.

Isso ficaria muito claro para mim, seis anos depois, quando adotamos nosso segundo cachorro, Sprite.

Nunca apreciei exercícios físicos, mas sempre gostava de andar com Pepsi. Passeava a pé com ele diariamente, pela manhã e à noite, mas os fins de semana eram demais! Ficávamos perambulando pela vizinhança, cumprimentando quem quer que passasse por nós. Ficávamos sabendo muito sobre os vizinhos — quem estava na faculdade, quem havia sofrido uma cirurgia ou que família estava de mudança — ...as coisas corriqueiras. Às vezes cruzávamos uma rua bem movimentada, onde havia muitos campos de beisebol e futebol. Eu dava uma olhada nos jogos enquanto Pepsi voltava a atenção para as crianças. Passávamos bons momentos juntos, e, na maioria das vezes, nossos passeios eram sem incidentes, bem tranqüilos.

Mas houve uma ocasião em que o destino colocou Pepsi e eu no lugar certo, na hora certa. Decidi levá-lo por outro caminho — viramos à direita em uma rua onde sempre seguíamos à esquerda. Chegamos até uma confluência especialmente congestionada. Então, vi uma menina correndo e gritando. Era Fran, uma amiga e colega de escola de Lauren. Ela estreitava seu poodle, Dusty, nos braços. Dizia, ofegante, que alguém havia atropelado o cachorro e nem parara para prestar socorro. O animal parecia sofrer terrivelmente, ganindo e se contorcendo. A menina, com cerca de 12 anos, tinha dificuldade de carregá-lo.

Segurei a guia de Pepsi com uma das mãos e, com a outra, arrebatei Dusty do colo de Fran. Quando o coloquei sobre meu braço, pude ver o quadro geral: sua pata direita estava claramente seccionada ao meio, segura apenas pela pele. Eu passava mal ao ver sangue ou alguém com ferimentos, mas tratei logo de tirar isso da cabeça, segurando-o gentil, mas firmemente, para que não caísse. Sabia que, se fosse posto no chão, ao tentar movimentar-se ele mesmo haveria de piorar ainda mais sua situação.

Dusty continuou a espernear. Não demorou muito para que eu começasse a sentir dor no braço. Precisava encontrar alguém que pudesse cuidar de Pepsi para poder segurar Dusty com os dois braços. Por sorte, vi um adolescente da vizinhança, Garret, e chamei-o. Ele sabia quem eu era e onde morava, assim pôde levar Pepsi para casa.

Enquanto isso, tive de levar Fran e Dusty para a casa deles, que não era muito longe. Precisávamos conseguir ajuda, e rápido (isso aconteceu antes do uso generalizado de telefones celulares).

Um carro com um casal se aproximou de nós. O rapaz parou, saiu e veio perguntar se o cachorro estava bem. Fran me disse que era o carro que o havia atropelado. Eu não podia acreditar naquilo. Imaginei que, depois de deixar às pressas a cena do acidente, dez minutos antes, eles decidiram que seria melhor voltar. Ficou óbvio que estavam mais preocupados com a possibilidade de serem acusados de atropelamento e fuga do que em ajudar Fran e seu cão gravemente ferido.

Eu disse a ele: "Suma daqui. Não precisamos de sua ajuda agora". E foi o que eles fizeram. Eu não queria nada com aqueles idiotas sem coração. Tinha de levar Dusty a um veterinário.

Bati na porta da frente da casa de Fran. Sua avó veio atender. Ela não falava inglês e o pai da garota não estava em casa. Chamei pela mãe de Fran, que eu conhecia de vista. Ela correu até a porta. Quando viu a situação em que Dusty se encontrava, ficou quase histérica. Quem poderia culpá-la? Eu lhe disse num tom de voz contido: "Trate de se controlar. Precisamos socorrer seu cachorro".

Chamei o serviço de resgate e o operador disse que não podia fazer nada. Perguntei: "Quem devo chamar?". Ele respondeu: "Um hospital veterinário". Gente, isso de fato ajudou muito... Virei para a mãe de Fran e disse: "Pegue as chaves do carro e vamos, rápido, ao veterinário mais próximo". Não havia se passado mais de 15 minutos desde que eu vira a menina correndo com o cão nos braços, mas o animal estava sofrendo muito e meus braços começavam a ficar dormentes. Eu tinha de segurá-lo na mesma posição para assegurar que não houvessem mais danos à pata.

Parecia que todos os semáforos estavam vermelhos. Fran estava no assento de trás, sua mãe dirigia e eu fui sentado no lado do passageiro, segurando Dusty com força. Levamos 20 minutos para chegar ao hospital veterinário. Eu nunca estivera ali antes, mas passava diante do prédio muitas vezes, a caminho do trabalho.

Saltei do carro com o cachorro, atravessei a porta de entrada e corri até a recepcionista. "Preciso de ajuda. O cachorro foi atropelado e sua pata está gravemente machucada". Ela respondeu: "Estamos fechando, e o veterinário já foi embora". "Você deve estar brincando", desabafei. "Há algum assistente que possa nos ajudar?"

A criatura apareceu. Apenas olhou em nossa direção, sem dar um passo adiante. "O veterinário foi embora e a condição desse animal é muito grave." Era um hospital de animais! Eu estava horrorizado diante de tanta frieza. Aquele tipo de gente ficava ali cuidando de animais o dia inteiro. "Você está dizendo que não pode sequer dar um sedativo a esse cachorro, para aplacar sua dor, enquanto eu o levo a outro veterinário?", perguntei. "Não podemos ajudálo, senhor." Olhei para Fran e sua mãe com desgosto e disparei porta afora.

Voltei para o carro. "Tudo bem, vamos até o veterinário de Pepsi". Quinze minutos depois chegamos ao hospital Clocktower. Eu estava exausto. Mal podia movimentar meus braços e suava frio de tanto esforço. Não estava em minha melhor forma — e ainda não estou. Rezei para que o hospital estivesse aberto, porque já estava ficando muito tarde.

Ali, fomos recebidos de maneira completamente diferente. Os assistentes se aproximaram rápido. Levaram Dusty e na mesma hora o sedaram. Assim, puderam começar a cuidar de sua pata. Disseram que ele precisaria de uma cirurgia, de modo que era necessário contar com um especialista. Garantiram que tratariam de estabilizá-lo e prepará-lo para uma viagem a outra cidade. Nesse instante, a mãe de Fran já havia chamado o genro. Esperei até que ele chegasse. Quando estava saindo, um dos assistentes me disse: "Senhor Levin, obrigado pelo que fez". E eu respondi: "Grato, porém não fui eu que salvei o cachorro, mas você".

Dusty está vivo, ainda. Aliás, sobreviveu a um câncer. Seis meses depois do terrível acidente ele estava caminhando de novo. Mancava um pouco, de maneira quase imperceptível, como se nada de grave tivesse acontecido.

Quando voltei para casa aquela noite, contei para minha família que o cachorro de Fran tinha sido atropelado por um carro, que a pata dele estava quebrada e que eu ajudara a levá-lo ao veterinário. Mais tarde Lauren obteve os detalhes da própria Fran. Ela ficou muito orgulhosa do pai. A verdade é que fiz o que qualquer outro apaixonado por cães teria feito. Não há nada especial nisso. Mas o acontecimento me fez lembrar quão a vida é frágil, em particular a vida de um cachorro. Aquele dia Dusty sobreviveu a um acidente de carro, a um tratamento da lesão e depois a uma delicada cirurgia. Outro dia poderia ser Pepsi. A experiência me deixou ainda mais próximo de Pepsi, se é que isso era possível.

No dia seguinte, vi Garret. Agradeci e perguntei a ele como Pepsi se comportara. "Bem, senhor Levin. Ele me mordeu uma vez, mas só porque tentei segurá-lo. Não foi nada sério." Eu ri e retruquei: "Acho que ele não gosta mesmo de ser agarrado por estranhos".

Pepsi é o perfeito cão de família. É mais adorável, afetivo, brincalhão e obediente que um adolescente. E, já que estamos falando nisso, ele se comporta como um deles. Pensa que é um desses garotos — e nós também.

Quando Lauren e Chase recebem amigos, Pepsi se junta a eles. Participa de cada festa de aniversário. Durante o Natal e o Hanucá, fica procurando abrir presentes como todos nós. E, quando Kendall e as crianças estão sentadas no chão da sala brincando com algum jogo, Pepsi marca presença andando em cima do tabuleiro — mistura todas as cartas e peças. Posso ouvi-los reclamando: "Não, Pepsi".

Ele tem um focinho muito expressivo. É um cachorro feliz e demonstra isso. Seus olhos são grandes e brilhantes. Suas orelhas raramente ficam caídas. Ele parece estar sempre com um grande sorriso na boca, e sua longa e peluda cauda está em constante movimento. Bem, na verdade, quando ele está realmente feliz, move a cauda em círculos, como se fosse uma hélice.

Fica feliz quando saímos para passear, quando recebe alimento ou alguma guloseima ou simplesmente quando recebe atenção. Adora passear de carro. Fica quietinho sentado no banco da frente (às vezes no de trás), atento à janela enquanto o mundo passa diante de seus olhos.

Quando algum de nós chega em casa, no momento em que abrimos a porta, Pepsi nos recebe. Fica se agitando freneticamente, de um jeito que chamamos "estado diabólico". Corre de forma alucinada pela casa, em grande velocidade, tentando esbarrar nas paredes, nos móveis e em nós. Sempre ficamos admirados pela maneira como ele evita se chocar com algo. Penso que ele tem algum tipo de radar embutido.

Como muitos cachorros, Pepsi não é fã de carteiros ou de qualquer outra pessoa que venha entregar algo em casa. Ele late para essas pessoas, deixando claros sinais de sua respiração ofegante nas janelas de vidro da fachada, mas nunca as danificou. Nem jamais machucou ninguém. Pepsi é puro barulho, porém sem conseqüências! Ladra, mas não morde, como diz o ditado.

Quando ainda era filhote, Kendall o ensinou a pegar e trazer de volta bastões e bolas. Ele adorava isso. Acredito que não há muitos cachorros capazes de capturar tão bem uma bola de tênis como ele. Contudo, quando Pepsi faz isso, nunca a devolve de imediato. Para demovê-lo dessa teimosia é preciso convencê-lo — um desafio para nossos recursos de persuasão. Todavia, cedo ou tarde, mesmo relutante, ele acaba entregando o que se recusava a largar.

De alguma maneira, Pepsi continua sendo um filhote, especialmente quando se alimenta — comida *de gente*. Não importa onde esteja, se ele sente, pelo aroma, que algo está sendo preparado na cozinha, aparece em questão de segundos. Procura por algum pedacinho de alimento que possa ter caído no chão ou espera a chance de lamber os pratos sujos quando estão sendo colocados na máquina de lavar. E, tenho de confessar, sempre lhe ofereço algo de meu próprio prato quando ninguém está olhando.

Certa vez, quando meus pais vieram nos visitar, estávamos tomando o café da manhã na cozinha. Minha mãe conversava enquanto segurava um pedaço de torrada na mão, que apoiava distraidamente ao lado da mesa. Como um grande tubarão-branco, Pepsi saltou sobre a torrada e a arrancou. Isso levou apenas uma fração de segundo — e ele imediatamente engoliu o que pegou! Nem sequer roçou a pele da mão de minha mãe. E ela achou aquilo uma das coisas mais engraçadas que já vira na vida. Fiquei pasmo! Pespi nunca fora assim tão descarado.

No entanto, a partir daquele momento, Pepsi devorou uma série de cachorros-quentes, pedaços de pizza e até um frango inteiro. Uma vez eu o encontrei com o focinho enterrado em um presunto defumado que estava na beiradinha da bancada. Ele também devora caramelos. Evidências dessas incursões geralmente podem ser encontradas no quarto de nossos filhos, sob a forma de papéis de bala espalhados pelo chão. Mas o cachorro tem um estômago de ferro. Pode comer qualquer coisa e raramente passa mal ou fica doente.

Alguns perfeccionistas talvez possam achar isso muito inquietante, mas Pepsi não está sempre caçando comida humana. Em geral, ele se satisfaz quando remexe o lixo da cozinha à procura de sobras. E isso não é uma proeza pequena. A lata de lixo fica em um armário, e é preciso abrir uma porta para alcançá-la. Pepsi logo aprendeu a fazer isso. Ele puxa a gaveta com a pata e arrasta a lata de lixo para fora com a boca. Colocamos ímãs e fecho de segurança (desses especiais para crianças), mas nada funcionou. Se não estivermos em casa para impedi-lo, nenhum obstáculo parece impossível de superar para ele.

Logo percebi como ele fazia. Então agora limpamos melhor os resíduos depois que comemos e levamos o lixo para fora com mais freqüência. Mas, na verdade, não me importo muito com isso, exceto por ocasionais e inevitáveis ataques de gastrite de que ele é vítima no meio da noite. Meu Deus! E ele não tem vergonha disso.

Pepsi recebe muito amor e atenção. Kendall costuma levá-lo passear de carro e também vai aos parques da cidade, onde o deixa correr e brinca com ele. Há ainda o momento de cuidados especiais na pet shop, para banho e tratamento do pêlos. Ele volta para casa parecendo um novo cachorro. E Pepsi fica seguindo Kendall por todos os cantos da casa, sem desgrudar de seus tornozelos, enquanto ela vai de um cômodo a outro.

Lauren e Pepsi têm um relacionamento muito especial. Ela dedica bastante tempo a ele quando está em casa. Fica abraçada com ele no sofá, fala ao seu ouvido com a voz muito suave e está sempre tirando fotografias dele. E Chase o adora como a um "irmão caçula". Pepsi freqüentemente rola no chão e fica bem perto de Chase, porque sabe que ele vai se sentar ali e afagar suas costas e sua barriga.

Ouço as pessoas falarem sobre relações de seres humanos com cachorros, com a visão de dono e mascote. De fato, somos legalmente proprietários de Pepsi, que, do ponto de vista técnico, é nosso bicho de estimação. Mas, como qualquer pessoa que ama cães pode confirmar, esse tipo de classificação não descreve direito o relacionamento. Pepsi é parte indispensável de nossa família e de nossas vidas. Sua vida está completamente entrelaçada à nossa.

Quando viajo em pensamentos, ele está lá.

Quando penso sobre o futuro, Pepsi faz parte dele.

Peixinhos, tartarugas e hamsters são bichinhos de estimação.

Cachorros são família.

*Capítulo 2*

# Com Pepsi ao meu lado

## FEVEREIRO DE 2000

EM UM DIA DE INVERNO, fui almoçar com meu caro amigo Eric Christensen. Escolhemos um restaurante de comida chinesa. Ele e eu crescemos juntos em Elkins Park, na Pensilvânia, bem longe de Filadélfia. Somos como irmãos. Eu o contratei como vice-presidente da Landmark Legal Foundation, a organização que presido.

No meio da refeição, senti uma súbita, aguda e intensa dor no centro do peito. Algo que literalmente me sacudiu. Eric disse: "O que está errado?". E eu sussurrei: "Hummmmmmmmm, não sei muito bem".

Poucos segundos depois, outra pontada. "Eric, estou sentindo estranhas dores no peito." Ele insistiu em levar-me a um pronto-socorro. "Vamos esperar um pouco", respondi. "Se acontecer de novo, nós vamos." No entanto, antes mesmo que eu terminasse a frase, senti a dor outra vez.

Rapidamente pagamos a conta e saímos direto para o hospital mais próximo, o Reston. O pessoal do atendimento me encaminhou na mesma hora para fazer uma bateria de testes. Eu não tivera um ataque cardíaco. Meus sinais vitais estavam bons. E não senti mais nenhuma dor no peito. Mas o cardiologista que me atendeu, Pradeep Nayak, insistiu que eu ficasse internado até o dia seguinte. E também pediu alguns exames adicionais pela manhã.

Eu ainda não sabia que aquele havia de ser o começo de um ano terrível, durante o qual tive de consultar muitos cardiologistas, sair em diversas ambulâncias em direção a prontos-socorros e ainda fui submetido a uma cirurgia decisiva para salvar minha vida.

Naquela manhã em que permaneci no hospital, depois das dores, passei por um teste ergométrico de esteira. O cardiologia responsável pelo procedimento acompanhava minha performance através de um monitor cardíaco. Iria aumentar a velocidade e a inclinação da esteira ao longo da experiência. Após caminhar uns trinta segundos, e antes mesmo que ele começasse a alterar a configuração do equipamento, comecei a sentir o peito extremamente pesado e senti náuseas. "Vamos parar. Não posso continuar com isso", desabafei. "É o melhor que você pode fazer?", perguntou o médico. "Sim, é", retruquei. "Bem, isso não é nada bom", foi o comentário dele.

Fiquei com a respiração ofegante durante alguns minutos, mas isso não me preocupou. Eu estava fora de forma, com excesso de peso, e concluí que essa era a causa do problema. Contudo, quando pensei mais a respeito, lembrei que, havia poucas semanas, sentira muita dificuldade para remover a neve da entrada da garagem de nossa casa.

É um acesso bastante curto, mas tive de parar várias vezes para tomar fôlego. Também lembrei que não estava sendo nada fácil dar conta de meus costumeiros passeios a pé com Pepsi. Nunca me ocorreu, porém, que pudesse ter algum problema cardíaco.

Quando voltei ao quarto do hospital, o doutor Nayak apareceu e me disse: "Olhe, podemos fazer mais alguns exames, mas acredito que uma ou várias de suas artérias estejam bloqueadas. Não dá para avaliar em que nível. Recomendo um cateterismo, para que saibamos qual é a origem do problema". Perguntei o que era um cateterismo. "É um procedimento básico para determinar o que está realmente acontecendo com seu coração." Ele explicou, então, que se tratava de fazer uma incisão em uma de minhas veias e por ela introduzir um tubo fininho até as artérias. Em seguida, é injetado um corante, através desse canal, para visualizar se há bloqueios nas artérias que levam ao coração. Se houver, há necessidade de usar uma espécie de esfera para abrir a área fechada. Há casos, porém, em que é indicada a implantação do que eles chamam de *stent,* pequeno tubo flexível, para garantir que o duto permaneça aberto. A chamada angioplastia coronariana.

Eu não tinha escolha. Era preciso explorar para saber o que estava errado e corrigir.

O procedimento não era doloroso. Os médicos encontraram as artérias que estavam parcialmente bloqueadas e implantaram dois *stents*. Isso deveria resolver o problema. Mas dez semanas depois a dor no peito reapareceu e voltei à estaca zero. Os médicos descobriram que eu apresentava um quadro de reestenose, o que em bom português significa que a artéria fez pressão sobre os *stents,* bloqueando outra vez os canais. Fiquei sabendo, então, que isso ocorre com apenas 15% ou 20% dos pacientes. E justamente eu estava entre os premiados.

Lá fui eu de novo para outro cateterismo, semelhante ao anterior, só que dessa vez o instrumento utilizado foi uma minúscula lâmina rotativa no final do tubo de acesso, para eliminar o estreitamento. Novamente, cerca de dez semanas depois a dor estava de volta. Eu não podia acreditar nisso! Os *stents* estavam bloqueados outra vez e tive de me submeter a uma nova sessão, semelhante à anterior. Eu tinha uma forma particularmente agressiva de reestenose. Sabia muito bem que aquele procedimento não seria definitivo. E, de fato, não foi.

Em junho de 2000, eu estava sentado à mesa de meu escritório, quando senti, subitamente, um grande impacto no peito. Minha respiração ficou muito lenta, difícil. Percebi que estava numa enrascada. Nenhum de meus colegas de trabalho estava por ali; todos haviam saído para o almoço. Eu tinha de ir ao hospital, e bem depressa.

Tratei de sair, descendo as escadas, até o estacionamento. Tentei entrar dentro do meu carro. Nesse momento a dor já era insuportável. O hospital ficava bem perto, e eu lutava para segurar a direção e não perder o controle do veículo. Minha visão começou a ficar embaçada. Não sei por que não chamei a emergência. Por alguma razão, meu instinto foi ir direto para lá.

Quando cheguei, não consegui encontrar um lugar para estacionar. Circulei em busca de uma vaga, com muito sofrimento, e finalmente estacionei. Tão logo saí do carro, percebi um veículo em movimento. O motorista estava me observando. Eu lhe disse: "Estou tendo um ataque do coração". Ele imediatamente respondeu: "Entre". Levou-me até a entrada de emergência. Dois para-médicos estavam bem ali e aparentemente tinham acabado de dispensar algum paciente. Na mesma hora, eles me deitaram sobre uma maca e me levaram correndo para dentro do hospital (até hoje, eu gostaria de saber o nome daquele homem e dos para-médicos que me ajudaram. Mas não consigo sequer lembrar como eram fisicamente).

Quer saber uma coisa? Assim que ligaram os equipamentos em meu peito, a dor desapareceu. E eu estava ali deitado, brincando com as enfermeiras e os médicos. Depois de algumas horas de exames de sangue, saíram os resultados. Eu tivera um ataque cardíaco leve. Naquele mesmo dia ainda tive um pouco de dor no peito, mas já não era tão intensa. Tanto os médicos quanto eu sabíamos o que era preciso fazer. Havíamos tentado de todas as formas evitar uma cirurgia, mas agora a situação era insustentável.

Fui levado de ambulância até o Inova Fairfax, um hospital especializado, na região setentrional da Virgínia, onde seria operado no dia seguinte. Passei a noite toda sob cuidados intensivos, caso minhas condições se agravassem a ponto de exigir uma intervenção de emergência. Compartilhei o quarto com um pastor batista. Ele dormiu o tempo todo, mas eu não consegui. Seria o primeiro a descer para o centro cirúrgico. Quando amanheceu, ele acordou e nos apresentamos. Ele estava indo para casa. Haviam decidido que ele não precisava de cirurgia. Enquanto conversávamos, percebeu que sou judeu. Ele nascera na região rural da Virgínia. Era um gentil e agradável cavalheiro. Eu lhe pedi se poderia fazer uma pequena oração para minha família. Não tinha medo de morrer, mas me preocupava com eles. Ele segurou minha mão e orou: "Em nome de nosso senhor, Jesus Cristo". Eu estava mais que agradecido. Naquela situação queria obter toda ajuda que pudesse.

Se você quer saber o que significa uma cirurgia cardíaca, pergunte a alguém que já a fez. Depois, durante várias semanas, você sente dores terríveis. Seu peito é literalmente aberto e em seguida unido com grampos de aço ou titânio. Meu organismo rejeitava muitos analgésicos, porque provocavam náuseas, mas eu fazia qualquer coisa para me livrar da dor. Tinha de dormir sentado na cama ou em uma cadeira, agarrado a um travesseiro.

Além disso, houve complicações pós-operatórias. Uma das pontes falhou. Havia receio de que eu tivesse de ir para "a faca" outra vez. Eu faria qualquer coisa para evitar isso. E, de fato, fiz.

Fui submetido a quatro ou cinco cateterismos e angioplastias nos meses seguintes, quando também viajei várias vezes de ambulância até pronto-socorros. Kendall e eu fomos, até mesmo, à Clínica Cleveland, um dos melhores hospitais cardíacos do país, onde os especialistas passaram horas me examinando. Mas foi a orientação e competência de minha própria cardiologista, Anne Safko, e de um mundialmente renomado colega seu, Kenneth Kent, que me livraram de outra operação.

"Está bem, mas o que isso tem a ver com cães", você perguntará. Tudo! Graves problemas de saúde causam um tremendo transtorno na família. Minha mulher e meus filhos sofreram bastante. Kendall esteve comigo em todos os momentos. Lauren, que tinha apenas doze anos de idade, e Chase, com nove, vinham me visitar no hospital. Eles foram obrigados a lidar com o estresse das internações e também com os inúmeros cuidados que meu estado requeria, no período de convalescença, ao voltar para casa. Tanto eles quanto eu nos preocupávamos com o que o futuro reservava para a família. Temiam pelo pai.

Durante aquele ano terrível, meu Pepsi, que na época tinha apenas dois anos, estava todo o tempo ao meu lado, quando eu estava em casa. Ele foi uma fonte de prazer não apenas para mim, mas para todos nós. E é isso exatamente que os cachorros fazem. Eu estava diante de uma tremenda reviravolta. Literalmente, lutava por minha vida. Parecia estar no inferno. E mesmo quando tentava bravamente me recuperar havia dias que parecia que eu não ia conseguir. E, em outros momentos, eu me sentia triste pelo meu próprio estado e também pela situação difícil de minha família. Mas, como se dissesse, "Ei, pai! comemore, o pior já passou", ali estava Pepsi — acomodado confortavelmente ao meu lado, lambendo minha mão, balançando a cauda e sempre sorrindo. Ele vinha me visitar quando eu estava na cama ou sentado numa poltrona no andar de cima de nossa casa. E se eu estivesse acordado e não percebesse sua presença ele sempre fazia questão de se manifestar. Pepsi era muito bem-vindo. Estava sempre pronto para brincar. Ou para uma caminhada. Ele me fazia rir até mesmo quando isso me causava uma dor considerável, porque provocava movimento no meu peito recém-fechado. Pepsi queria seu pai de volta.

Durante todo o tempo em que permaneci fora de casa, naquele ano, Pepsi estava ali para Kendall, Lauren e Chase, incentivando-os a serem positivos e a viverem um dia de cada vez. Afinal de contas, é isso realmente que os cachorros fazem, e Pepsi era um maravilhoso exemplo para todos nós.

Acredite em mim quando afirmo que Pepsi foi um grande fator de incentivo na minha recuperação. Não há dúvida nenhuma de que ele me ajudou a vencer esse grande desafio de minha vida. Pepsi estava determinado a me ver de pé. Quatro semanas depois, e contra qualquer previsão, foi isso que aconteceu. Eu ainda estava fraco. Havia perdido muita massa muscular e peso. Mas ali estávamos nós, Pepsi e eu, orgulhosamente — embora bem devagar — andando na rua outra vez. No começo, não fomos muito longe, porém a cada dia fazíamos progresso. Os vizinhos apareciam e comentavam sobre como minha aparência estava boa. Eles estavam apenas sendo gentis — eu estava terrível. Poderia dizer até que ficavam chocados com minha magreza e palidez. Contudo, mesmo assim, a vida estava finalmente voltando ao normal.

Quando fiquei mais forte, tratei de voltar à minha rotina, que incluía ficar até mais tarde, à noite, no porão, no computador. Eu trabalhava muito e pesquisava na internet muito tempo depois que todos subiam para dormir — todos, exceto Pepsi. Ele estava sempre me fazendo companhia, deitado aos meus pés, sob a mesa. Após brincar com um osso ou com uma bola por algum tempo, ele capotava. Pepsi era capaz de dormir pesadamente. E até de roncar, como seu "velho". Ele sonhava, também.

Algumas vezes Pepsi avistava uma aranha ou algum outro inseto que aparecia; afinal, estávamos em um porão. Era quando começava a diversão. Pepsi se esticava todo, como uma esfinge, com o traseiro levantado e as patas dianteiras bem para a frente. Então encurralava a aranha e brincava com as patas. Ele não tinha intenção de feri-la. Estava apenas curioso e tentando movimentar seu novo amigo de um lado para o outro ou agarrá-lo. Inevitavelmente, de qualquer maneira, a aranha, dominada, acabava sendo morta, e Pepsi sempre parecia desapontado com o que havia feito.

Capítulo 3

# Salvando Sprite

## OUTUBRO DE 2004

SE EU NÃO ESTIVER muito ocupado em manhãs de sábado ou domingo, gosto de sair de carro explorando o interior do Estado da Virgínia. Acho essas incursões muito relaxantes. Posso refletir bastante e também é muito divertido dirigir em estradas desconhecidas. Há muita história nessa região, de maneira que você nem imagina o que poderá encontrar.

Vivíamos em Reston, naquele mesmo Estado, a certa distância de Washington. Em 1998, durante uma dessas viagens, dei de cara com um novo condomínio construído ao longo do rio Potomac. Ele acabava de ser lançado, portanto não havia construções ainda, apenas alguns trailers com os empreiteiros mergulhados em seus projetos para a comunidade. Era um lugar muito arborizado, mas já era possível ver o começo de um campo de golfe. Havia poucas ruas ao longo do condomínio. Segui uma delas até o fim. Desci do carro e andei até a margem do rio, onde encontrei um remanso, justamente a área reservada à construção de algumas casas. A vista era fantástica. Decidi, naquele exato momento, que um dia viveria ali, exatamente onde estava.

Tivemos que esperar alguns anos até que o condomínio estivesse bem desenvolvido. Como costuma acontecer nesses empreendimentos, os responsáveis deixavam para o final os melhores terrenos. Assim, aumentavam seus lucros. Quem pode culpá-los? Mas eu era persistente. Durante todo aquele tempo, devo ter ido até lá umas cinqüenta vezes. Ao mesmo tempo fomos juntando cada tostão que podíamos, para reunir recursos que nos permitissem comprar uma casa naquele lugar. Por fim, em 2002, a propriedade em que eu estava de olho foi posta à venda — e nós a compramos.

Mudar-se é uma atitude difícil do ponto de vista emocional. Kendall e as crianças relutavam em deixar seus amigos. Tínhamos uma linda e confortável casa, em um entorno belíssimo, e muitas lembranças gratificantes. Era o único lar que Chase conhecia e Lauren havia passado ali grande parte de sua vida, também.

Eu sabia que construir uma casa seria um processo árduo e estressante, mas jamais imaginara quanto. Lidar com construtores, fiscais e prazos estourados é como ter um segundo emprego. Era algo suficiente para levar alguém saudável a um ataque do coração. Investimos muito tempo e economias no projeto, mas eu sabia que a mudança seria boa para a família.

A casa foi construída em uma colina muito arborizada, próxima a um riacho. De trás dela se tem uma visão absoluta do rio, em cada quarto. Havia muitas crianças na vizinhança, e as escolas eram excelentes.

Houve demora na conclusão das obras. A previsão era de que ficaria pronta em oito ou nove meses. O prazo foi, porém, estendido para mais cinco meses. Mudamos em novembro de 2003. Lauren teve dificuldade de se adaptar a essa mudança, e também não foi fácil para Kendall e Chase. Mas algo mudaria isso rapidamente — algo maravilhoso que mudaria nossas vidas para sempre.

Sem o meu conhecimento, Kendall e Chase decidiram que Pepsi precisava de um amigo peludo. No verão de 2004, começaram a procurar por outro cão. Foram uma dúzia de vezes ao abrigo da cidade de Loudoun. Chase também procurou na internet o cachorro certo para incluir na família.

Quando eles me contaram tudo, achei que era apenas uma vaga pretensão. Nem levei a coisa a sério. Quando ficou claro para mim que eles não estavam brincando, fiquei preocupado. Achava que a vida feliz de Pepsi poderia ter uma tremenda reviravolta se outro cachorro fosse agregado, em especial um animal adotado, de passado desconhecido e incerto, cuja personalidade já estava desenvolvida. E se fosse muito agressivo? E se Pepsi ficasse deprimido e com ciúme? Eu imaginava situações potencialmente desastrosas, que acabariam nos obrigando a devolver o cão ao abrigo logo depois de tê-lo adotado. Eu não podia suportar esse pensamento. Por que atrair problemas?

Ainda que Pepsi se divertisse muito com cachorros quando brincava com eles *fora* da casa, lembrei que uma vez um cão foi levado para dentro — era de meu irmão Rob, e ele o trouxe quando nos visitou, vindo da Flórida —

Pepsi ficou nervoso e amuado. Ele até mesmo sofreu um acidente pela primeira vez desde que viera como filhote. Lauren compartilhava minhas preocupações.

Ironicamente, Kendall, que tinha sérias reservas sobre trazer qualquer cachorro para casa alguns anos antes, agora pressionava pelo segundo. E eu, que insisti tanto sobre a possibilidade de um animal trazer alegria para a família, estava reticente.

Com relutância, visitei o abrigo local com Chase. Eu nunca havia estado num lugar daqueles antes. Era muito triste ver todos aqueles cachorros e gatos espremidos em gaiolas pequenas, esperando que alguma família os adotasse. Eu imaginava o que aqueles pobres animais estariam pensando. Estavam ali, num ambiente estranho, cercados por seres de sua espécie e de gente que eles não conheciam. Deviam estar apavorados, ansiando estar em um lar com suas famílias. Muitos deles haviam sido separados de pessoas que pensavam que os adoravam. De qualquer forma, eram as únicas famílias que eles conheciam desde filhotes. E o que teria acontecido com as famílias que haviam perdido seus cachorros ao cogitar o que acontecera com seus preciosos amigos? Apenas posso calcular a dor que devem ter sentido. Puxa, se ao menos eles pudessem falar e nos dizer de onde vieram...

Deixe-me esclarecer bem. As pessoas que tratam dessas almas perdidas estão fazendo um trabalho de Deus. Realmente. Tentam ajudar e proteger os animais, na esperança de que cada um encontre um bom lar, senão seu lugar de origem. Muitos dos cachorros e gatos foram recolhidos das ruas, onde seu destino poderia ser tenebroso. E as criaturas que trabalham nesses abrigos e cuidam dos animais todos os dias geralmente são as mais gentis e misericordiosas da coletividade. Imagine o que devem sentir ao lidar com o círculo sem fim de seres perdidos. Eu jamais poderia fazer isso.

A triste verdade é que a grande maioria desses amados animais nunca voltará a se reunir com as famílias originais, e alguns jamais serão adotados. Suspeitava de que muitos seriam sacrificados, mas não quis saber nem perguntei. Como não podia tirar esses pensamentos da minha cabeça, após alguns momentos disse a Chase que queria ir embora.

Chase o encontrou no website da Montgomery County Humane Society (MCHS), de Maryland. De acordo com os registros, ele foi levado para lá no dia 19 de setembro de 2004. Vagava pelas ruas de Silver Spring, naquela mesma cidade. Sua foto aparecia entre outras de diferentes cães perdidos. Calculavam que sua idade deveria variar entre três e seis anos. Revelavam ainda que era um mestiço de spaniel, muito amistoso, de cor branca e caramelo. Kendall me chamou para vê-lo na tela do computador. Ela dizia que era o cachorro mais lindo que já vira na vida.

Dei uma rápida olhada, e foi tão apressada que não percebi detalhes. Reiterei que não estava seguro sobre ter outro cachorro. Francamente, estava desolado. Mesmo que a experiência no abrigo local tenha aberto meu coração às súplicas daqueles animais, confessei a Kendall que ainda temia sobre o que pudesse acontecer com Pepsi. Quando olho para trás, penso que quis me proteger de ficar muito apegado a outro cão. E se a gente o adotasse e não desse certo? O que aconteceria?

O cachorro estava num programa de pais adotivos provisórios, mantido pela organização. Kendall entrou em contato com o casal — Suzanne e Thomas Gallup. Eles lhe disseram que ela era a segunda pessoa que perguntava pelo cão. Isso era tudo que Kendall queria ouvir. Entrou em estado de excitação. Em poucos dias, ela e Chase foram até Maryland para visitar os Gallup e o cachorro. Caíram de amores por ele. Ela até já lhe dera um nome — Sprite. Queria muito um Sprite para estar com Pepsi, e o animal tinha a cor perfeita.

Os Gallup gostaram de Kendall. Admitiram que ela teria primazia sobre outros pretendentes, se tudo corresse bem.

Os Gallup quiseram conhecer o restante de nossa família e observar nossa interação com o cachorro. Eu ainda estava muito relutante, mas Kendall foi insistente. Então, no dia seguinte, ou no outro, Kendall, Chase e eu — e, claro, Pepsi — nos amontoamos no carro e começamos uma jornada completamente inesperada para mim.

Até a viagem para ver o cachorro foi memorável. Pegamos o White's Ferry para cruzar o rio Potomac, da Virgínia para Maryland. Eu sabia que a balsa existia, mas nunca a usara. Não parecia a maneira mais segura de fazer aquela travessia. É a mais velha e única embarcação desse tipo que faz o percurso.

Conduzi o carro para dentro daquilo que parecia, realmente, uma imensa barcaça de aço. Um bilhete de ida e volta custa cerca de seis dólares. Um só cabo guia a balsa de uma margem para a outra. Era impulsionada por algum tipo de motor muito rústico e barulhento. Tudo era muito antiquado e eu ficava ali, pensando se realmente conseguiríamos chegar em Maryland. Kendall já havia feito essa viagem algumas vezes e voltaria a fazer muitas outras nas próximas semanas. Lembro que havia uma lanchonete do outro lado. Se eu estivesse por minha própria conta, provavelmente iria parar ali. Mas Kendall não queria me ver comendo besteiras.

Em seguida, enveredamos, durante um bom tempo, por uma extensa estrada vicinal de mão dupla. A primeira parte do trajeto nos levou até Poolesville. A paisagem era pontilhada por fazendas, com pequenas e velhas casas ao longo de todo o caminho. Estávamos no começo de outubro e as cores começavam a mudar. Eu não fazia a menor idéia da existência de uma área rural tão grande, na margem oposta, não muito longe da área onde morávamos. Na verdade, não havíamos ainda explorado o bastante nossa nova vizinhança.

Atravessamos o subúrbio e passamos por várias estradas e empreendimentos que me pareciam muito semelhantes. Em alguns momentos, tive a impressão de que havíamos pegado o caminho errado. Quando finalmente chegamos ao nosso destino, Kendall apontou a casa. Era um lugar bonito. As residências vizinhas, bem cuidadas, tinham cerca de dez anos. O lar dos Gallup ficava em uma rua sem saída.

Quando chegamos à entrada da casa, eu estava muito nervoso — algo estranho, considerando que eu não queria outro cachorro. Mas viera de longe — a viagem levava cerca de uma hora —, ou seja, indicava estar aberto à idéia, apesar de tudo.

Permaneci cauteloso diante da situação em que estava me metendo. Quando chegamos à porta de entrada, levando Pepsi conosco, eu disse a Kendall e Chase que não podia garantir que iríamos adotar o cachorro. Eles estavam prestando muita atenção em mim. Como haviam conseguido me levar até aquele ponto, fiz a advertência por imaginar que achavam estar diante de favas contadas, ou seja, que eu já cedera, mudando de idéia.

Os Gallup nos receberam na entrada. Também pareciam um pouco nervosos, mas não poderiam ter sido mais agradáveis. É preciso ser uma família especial para aceitar cães e gatos abandonados. Abrem seu lar e seu coração a esses animais indefesos. Cuidam deles e depois têm de entregá-los a outra família, a qual também recebem em sua casa. Não deve ser fácil.

Eles nos acompanharam pelo interior da residência até chegarmos à cozinha, que conduz ao quintal. Eu não podia acreditar no que se passava comigo! Agora eu estava realmente ansioso para conhecer o cachorro. Os Gallup tinham um velho e amistoso retriever dourado.

Quando chegamos no quintal, imediatamente vi Sprite! Esse não era seu nome original, claro. Ninguém sabia qual era antes. Os Gallup o chamavam de Cody. Mas ele já era "Sprite" para nós.

Meu Deus, ele era uma beleza! Tinha enormes olhos castanhos. Seu peito, grande parte de suas patas e sua face eram brancas. As costas, o traseiro e a cauda, cor de canela. E, sim, ele tinha aquela pequena cauda branca sempre balançando — nada além de uns dez centímetros. Sua aparência me lembrava a de um filhote de cervo, especialmente o formato da cabeça e do lombo. Mas eu não podia deixar de admirar seus olhos magníficos. Entendia, agora, porque Kendall e Chase o queriam tanto.

Sprite estava se exibindo no quintal para todos os que ali estavam, mas não de maneira proposital. Ele vagara muito. Ninguém sabe quanto tempo ficou nas ruas antes de ser encontrado. Permaneceu um período no abrigo. E estava com os Gallup havia duas ou três semanas. E agora estávamos ali. Fui até ele e o acariciei. Seu pêlo era mais macio do que qualquer coisa que eu já tocara na vida. Ele era extremamente bem-comportado e terno. Nada ansioso nem agressivo. Ao contrário, evocava uma calma aconchegante e cálida.

Sprite parecia muito maduro para sua idade estimada. Eu disse, mais tarde, a Kendall: "Duvido que ele tenha apenas entre três e seis anos". Não que aparentasse ou agisse como se fosse velho, absolutamente. Apenas não parecia tão jovem quanto Pepsi, que tinha seis anos. Mas isso não importava. Ele já fazia parte de nossa família.

Apresentamos Sprite a Pepsi, que agitava a cauda a uma velocidade alucinante. Pepsi estava brincando por ali, convidando todos — incluindo seu companheiro — a juntar-se a ele.

Segui Sprite enquanto ele caminhava pelo quintal. O lugar era amplo e com uma vegetação exuberante. Havia até bosques, que ele andava explorando. Pepsi tratou de me acompanhar, só por precaução.

Quando todos retornamos à cozinha, Sprite se acomodou em um canto do aposento. Suzanne comentou que ele era um cão muito afetuoso. O casal o colocara em sua cama, dormindo com ele algumas noites. Ela nos contou que Sprite era seu primeiro cão adotivo. Realmente não queria se desfazer dele. Se não tivesse assumido o compromisso de apenas ficar com ele enquanto não encontrasse um lar permanente, teria ficado com ele para sempre. Era visível que os Gallup estavam emocionados com a experiência. Era fácil apaixonar-se por Sprite. Como logo haveríamos de perceber, qualquer pessoa que o conhecesse o adorava.

Quando estávamos para ir embora, acidentalmente Pepsi pisou na pata de Sprite. Para minha completa surpresa, Sprite rosnou. Mas não arreganhou os dentes. Não era, de fato, nada agressivo. Foi apenas um rápido, quase inaudível som, mas tomei nota disso. Fui o único a ouvir.

Ao chegar ao carro, para ir embora, eu logo disse a Kendall e a Chase que agora estava muito entusiasmado para fazer a adoção. Não mencionei o episódio do rosnado. Eles não pareciam mesmo ter prestado atenção naquilo e eu também deixei para lá. Aquela foi a primeira e a única vez que ouvi Sprite rosnar para Pepsi.

Só muito mais tarde saberia por que Sprite reagiu daquela maneira: ele sofria de grave artrite, mas ainda sem diagnóstico e, portanto, sem tratamento.

Antes, porém, que pudéssemos levá-lo para nossa casa, Lauren teria de fazer uma visita aos Gallup e a Sprite. Ela não estava nada disposta a isso. Permanecia na defensiva, com uma atitude de proteção a Pepsi. Mas Kendall tratou de levá-la, e a seu namorado, Dan Schneider, a Maryland. Depois de conhecer Sprite, o medo de Lauren também se dissolveu; ela e Dan viram o que todos nós já havíamos observado — um afetuoso e adorável ser que toda família que ama cachorros gostaria de ter consigo.

Os Gallup recomendaram formalmente que adotássemos Sprite. Kendall os encontrou na entidade responsável pelo abrigo, onde foi concluir os trâmites, dessa vez para trazê-lo a nós. Essa foi sua quinta viagem a Maryland em apenas uma semana. Mas o processo, mesmo assim, ainda não estava concluído, definitivamente. A organização mandaria um representante à nossa casa, nos próximos dias, para ver como os cães e os seres humanos estavam interagindo. Fiquei muito impressionado com o cuidado que tinham ao definir a permanência dos animais com famílias, de fato, amorosas.

Nesse meio tempo, fiquei encantado com a maneira como Pepsi e Sprite se relacionavam. Era como se Sprite sempre tivesse feito parte de nosso núcleo. Ele estava um pouco tímido a princípio, mas isso logo mudaria. Pepsi, por sua vez, estava bastante contente, embora nos primeiros dias parecia esperar que Sprite fosse embora. Era obrigação nossa fazer com que ambos se sentissem confortáveis naquela situação.

Ambos eram alimentados e levados a passeio sempre juntos. Brincávamos e conversávamos com eles. Não demonstravam nenhuma tensão mútua. Claro, Sprite estava em um novo e estranho lugar e não era, todo o tempo, o único foco de afeto e atenção por parte de Pepsi. Mas era admirável como nenhum deles tentava controlar o outro. Eles simplesmente seguiam o fluxo. Eram não só compatíveis como também era visível que tinham um vínculo. Ficou bem claro, desde o início, que a personalidade despreocupada de Pepsi combinava perfeitamente com a personalidade acomodada de Sprite. E, com o tempo, eles se tornaram ainda mais próximos.

No dia 14 de outubro, cerca de uma semana depois que trouxemos Sprite para casa, recebemos a visita da senhora Robinson, representante da entidade responsável pelo abrigo. Esse era o último obstáculo. Lembro que Kendall tratou de vistoriar cômodo por cômodo, para deixar tudo em ordem. Estava muito agitada. Eu lhe disse para relaxar, porque não havia nenhuma possibilidade de não passarmos no teste. Tinha razão. A visitante gostou muito do que viu. Ficou um bom tempo com Kendall e não tive motivos para me preocupar. Ela fez algumas perguntas, deu uma olhada ao redor, apresentou à minha mulher alguns documentos para assinar e foi embora.

Estávamos em êxtase — Sprite, agora, era oficialmente um Levin!

*Capítulo 4*

# Um tenebroso Halloween

**OUTUBRO DE 2004**

ERA NOITE DE HALLOWEEN. Tudo parecia bem. Kendall estava lá fora oferecendo guloseimas com uma das mãos e, com a outra, falava ao celular com sua irmã, Shannon. Eu trabalhava no escritório do porão, dando os retoques finais em meu primeiro livro, *Men in Black* (Homens de Preto), sobre a Suprema Corte dos Estados Unidos.

Sprite estava conosco havia três semanas e nesse curto período de tempo sua assimilação pela família não poderia ter sido mais fácil. Ele era um cachorro muito dócil. Mostrava-se bem-comportado, tolerante e perfeito companheiro para Pepsi. É verdade que algumas vezes parecia um tanto desorientado ou confuso, mas nada grave. Atribuíamos essas características eventuais a seu novo ambiente e a um mês difícil, em que foi levado de um lado para o outro.

Mas aquele Halloween nos reservou uma péssima surpresa. Eu estava escrevendo, quando de repente ouvi um grito de Kendall. Subi rapidamente as escadas e cheguei à porta da frente, onde ela estava recebendo as crianças. Vi quando deixou o telefone cair ao chão e correu até Sprite. Ele estava estatelado no solo. Parecia ter desmoronado.

Havia algo de terrivelmente errado com ele. Suas patas estavam instáveis. Seus olhos, vidrados. E ele tremia todo. Pensamos que talvez fosse um ataque epilético.

Lembrei que havia um pronto-socorro veterinário em um raio de poucos quilômetros. Havia passado ali muitas vezes, a caminho de casa. Tratei de colocar o abrigo rapidamente e carreguei Sprite até a garagem. Coloquei-o no assento do passageiro e tomei o rumo do hospital com pressa.

Ao longo do caminho, todo tipo de pensamento aterrorizante passou por minha cabeça. Será que ele tivera um colapso? Talvez tivesse algum tipo de enfermidade sanguínea. Ou, quem sabe, fosse apenas uma reação adversa, durante seu ajustamento ao novo ambiente em que fora inserido. Eu estava muito preocupado.

Cheguei ao pronto-socorro em cinco minutos, embora tenha parecido uma hora, tamanha a agonia durante o trajeto. Peguei Sprite no colo e o levei à sala de espera. Ele pesava aproximadamente quinze quilos. Fosse qual fosse o problema, parecia ter estabilizado.

A recepcionista devia ter uns vinte anos, mas obviamente tinha muita experiência profissional. Eu lhe contei o que acontecera. Ela começou a fazer perguntas sobre o passado de Sprite. Expliquei que ele estava conosco havia apenas três semanas e, portanto, que nada sabíamos sobre sua vida pregressa e tampouco sobre suas condições de saúde. A moça foi muito amável e acolhedora. Anotou a informação e pediu que eu esperasse pelo veterinário.

Arrastei o tapete de boas-vindas da entrada para perto de meus pés, bem onde ia me sentar, e coloquei Sprite ali. Ele estava cooperando muito bem. Levantou algumas vezes para farejar o cheiro de outros animais que ali estiveram antes dele. Não latiu uma só vez nem dava sinais de estar sentindo dor.

O hospital não estava lotado, mas Sprite e eu ficamos ali tempo suficiente para ver alguns pacientes entrarem e saírem e também para que ele deixasse uma pequena poça no chão. Pedi desculpas à atendente, mas ela assegurou que estava tudo bem. Pegou um esfregão do armário e limpou tudo, sem permitir que eu a ajudasse. Por certo, havia feito aquilo muitas vezes antes.

Sprite estava agora descansando pacientemente, esperando sua vez de ser atendido. Não estava dormindo. Observava o lugar. Mas parecia estar muito melhor. Eu não podia desviar meus olhos dele. Ali estávamos — no pronto-socorro — em pleno Halloween. Pela minha cabeça passava o pensamento de que tipo de vida ele vivera e sobre a qual eu nada sabia. Eu ficava admirando sua beleza e elegância.

Uma mulher entrou carregando seu gato nos braços. Ela estava muito preocupada. O animal não tinha nenhuma marca externa de doença ou ferimento. Ela se sentou na entrada, com o animal aninhado contra o peito. Abraçava-o com todo o amor do mundo. Sprite estava curioso, mas sem se fixar na cena. Senti vontade de confortá-la, mas não sabia o que dizer e temia piorar ainda mais as coisas, porque percebi que se tratava de um terrível momento.

Ela e o animal foram levados rapidamente pela recepcionista a uma sala de atendimento. Cerca de cinco minutos se passaram. A senhora retornou depressa e saiu porta afora. Estava chorando em silêncio e secando os olhos quando deixou o prédio. Eu me senti mortificado por ela. Murmurei à atendente: "Ela trouxe o gato para ser sacrificado, não?". A moça me olhou com tristeza a confirmou. Era tudo que eu podia fazer para evitar o choro. Perguntei a ela: "Como você consegue lidar com essa parte do seu trabalho, dia após dia?". Ela respondeu: "É a pior parte. Muito difícil".

Fui novamente lembrado de quão curto é o tempo que temos para compartilhar a vida com nossos amados cachorros nesta terra. Minha ligação com Sprite fora muito rápida, e meu coração estava transbordando de amor eterno naquela noite. Todos os cachorros ficam com seus pais humanos para serem cuidados. Em retribuição, recebemos puro amor, lealdade e felicidade. Sprite já fazia parte da família. Eu sentia como se o tivesse conhecido durante toda minha vida. Também sabia que não podia suportar a idéia de ficar sem ele.

Finalmente chegou nossa vez. Segui a recepcionista até uma das salas de atendimento. Um veterinário começou a examinar Sprite e perguntou se poderia fazer alguns testes nele, sem a minha presença. Ele queria checar seus olhos e equilíbrio, entre outras coisas, sem que o cachorro se distraísse comigo. Então, esperei na recepção.

Telefonei para Kendall e lhe disse que Sprite parecia estar bem, que não estava mais em colapso.

O quadro que me levou a conduzir Sprite ao pronto-socorro não se repetiu na presença do veterinário. Ele percebeu algum problema nos olhos, mas apenas quando havia movimentos bruscos, e nada muito marcante. Sua freqüência cardíaca e o pulso estavam normais. Outros testes que o profissional realizou nada indicaram. Ele me disse que levou Sprite para fora e andou com ele ao redor do prédio e nada notou de estranho.

O veterinário não pôde dizer com exatidão que tipo de problema havia acontecido. Especulou que pudesse ser simplesmente um mal-estar passageiro ou uma vertigem, talvez uma experiência traumática no passado. Aventou, ainda, a possibilidade de algo neurológico, como uma infecção, uma inflamação ou mesmo um tumor. Francamente, eu não sabia o que pensar. Ele prescreveu vários medicamentos, mas decidimos observar o animal nas semanas subseqüentes, evitando alguma ação mais efetiva.

O veterinário também me disse que o cálculo anterior sobre a idade de Sprite estava errado. Ele estimava que o correto fosse cerca de dez anos. Não posso dizer que isso me surpreendeu. Eu sabia, instintivamente, que Sprite era mais velho que Pepsi.

Quando voltamos para casa, as ruas estavam escuras. O Halloween terminara. Não havia mais crianças por ali. Acariciei a cabeça e as costas de Sprite enquanto ele permaneceu sentado, quieto, no banco da frente. Eu estava ao mesmo tempo aliviado e preocupado com ele. O prognóstico do veterinário não ajudou em nada, mas também não era assustador. Daquela noite em diante sempre permaneci alerta em relação a ele. Não que ficasse obcecado por sua saúde, mas sabia que por causa de sua idade haveria muito mais visitas ao veterinário e que teríamos muito menos tempo para estar com ele do que pensamos, a princípio.

* * *

Sprite teve uma segunda crise, duas semanas depois. Mas nenhuma outra na seqüência. Mesmo assim, suas patas traseiras pareciam estar um pouco cambaleantes.

Kendall e eu decidimos que ele necessitava de um check-up completo. Já havíamos agendado, inclusive, uma consulta para a remoção de um grande cisto incrustado em sua pata. Kendall confiava muito no doutor Norman Walters, veterinário da Clínica Poolesville, em Maryland. Ela o havia conhecido quando levou o cachorro para um exame básico, cinco dias após trazê-lo para casa. Era ele quem estava disponível naquele momento.

Eu não o conheci. Kendall me contou que ele foi ótimo com Sprite. Ela gostou dele e notou que era afetivo com o animal. Então Sprite fez uma última viagem de balsa para ser consultado pelo doutor Walters.

O atendimento foi demorado. Ele removeu o cisto, realizou exames de sangue, limpou os dentes de Sprite, observou suas orelhas, tirou raios X do seu peito, de suas costas, da região pélvica e das patas e ainda fez testes cardíacos. As chapas revelaram que ele tinha artrite na coluna e na bacia, por isso teria que tomar alguns remédios para o resto da vida. Foi constatada, ainda, uma infecção nos ouvidos. O veterinário também confirmou para Kendall que Sprite era velho. A boa notícia era que aparentemente ele não corria risco de morte.

Quando Kendall o trouxe de volta para casa, naquela tarde, ele estava usando aquele protetor engraçado, uma espécie de cúpula de abajur ao redor do pescoço. Era para prevenir que ficasse lambendo a cicatriz na pata, decorrente da remoção do tumor. Ele parece ter levado a coisa meio na esportiva, como era de seu costume a respeito de tudo. Está certo que o aparato incomodava, mas ele o tolerava.

Eu ficava imaginando o que poderia passar pela mente de Sprite e as diferentes emoções que sentira. Por certo deveria estar confuso e aborrecido.

Havia cerca de uns dois meses ele deixara a família com a qual convivera durante toda sua existência para vagar pelas ruas. Foi encontrado e levado ao abrigo. Foi submetido a veterinários e a muitos exames físicos. Também a seringas e termômetros.

Partia meu coração, antes e ainda agora quando lembro, pensar em como ele enfrentava a ausência de sinais sobre o paradeiro de seu núcleo original.

Minha família e eu estávamos dispostos a fazer qualquer coisa para lhe dar conforto e alegria. E, claro, Pepsi haveria de ter um papel importante nisso.

Mas a verdade é que Sprite fez muito mais por nós do que pudemos efetivamente fazer por ele.

*Capítulo 5*

# Inseparáveis desde o começo

## DEZEMBRO DE 2004

JÁ LIVRE DE SEU PROTETOR de pescoço e sob efeito positivo da medicação para evitar que sentisse dores, Sprite estava muito mais disposto a se movimentar — e logo demonstrou essa necessidade.

No início de dezembro, nevou forte. Havia alguns amigos de Lauren em casa. Um deles esquecera a porta da frente aberta. Sprite decidiu correr e sair. O namorado de minha filha, Dan, que antes tirara os sapatos e as meias, saiu atrás do cachorro com os pés descalços. Sprite não o conhecia muito bem e provavelmente não gostou que um estranho começasse a persegui-lo, tentando pegá-lo. Foi encurralado em uma casa distante alguns quarteirões da nossa. Dan tratou de acalmá-lo e acariciá-lo, para que percebesse que não tinha a intenção de feri-lo. Com os pés desprotegidos e queimando na neve, morrendo de frio, trouxe Sprite de volta para casa.

Ao final do episódio, eu estava em comoção. Morto de medo. Pensei: "Gente, isso poderia ter sido uma tragédia!". Avisei todo mundo que ninguém deveria deixar a porta aberta, porque talvez esse tivesse sido o motivo que levara Sprite a perder sua família original. Obviamente, não era um desses cachorros capazes de saber encontrar o caminho de volta ao lar. No nosso caso, era ainda pior, porque ele estava conosco havia apenas dois meses e quase nada conhecia dos arredores. Poderia se confundir com facilidade caso se afastasse muito. Senti que escapamos por um fio!

Sprite nunca mais poderia escapar daquela maneira, embora tivesse tido algumas oportunidades. Até mesmo Kendall ficara com ele, sem coleira, algumas vezes, e Pepsi no jardim, enquanto cuidava das plantas ou se afastava por breves momentos para ir ao benheiro. Mas Sprite nunca tentara fugir.

Passaram-se algumas semanas. Era nosso primeiro Hanucá e Natal com Sprite. Kendall colocou uma meia para ele, como fazia para todos nós ao longo dos anos. A dele ficou próxima à de Pepsi, na borda da lareira. Ela enchia as meias dos cachorros com guloseimas e ossos e tratava de chamar a atenção deles sobre esses presentes. Chase colocou um chapéu de Papai Noel em Pepsi — era uma antiga tradição. O adereço nunca permanecia ali por muito tempo, porque o cachorro logo tratava de se livrar dele, sacudindo vigorosamente a cabeça. Quando tentou a mesma coisa com Sprite, ele foi ainda mais rápido. E antes que a brincadeira acabasse ele estava coberto com papel de presente enquanto as crianças colocavam um laço em Pepsi. Lauren estava ocupada tirando fotos — graças a Deus ela gostava de fazer isso, porque sem esses registros muitas de nossas recordações mais importantes não teriam sido gravadas.

Esse era o nosso melhor feriado. Não por causa dos presentes ou da comida, mas porque, de alguma maneira, — pelo desejo de Deus ou pelo destino — havíamos sido abençoados com a presença do nosso querido Sprite.

Alguém pode dizer que o resgatamos de um futuro incerto. Talvez, mas creio que ele foi um presente magnífico para nós. Éramos afortunados e sabíamos disso.

Muita gente não gosta de ficar andando por aí com seus cães. Eu, sim. Nunca vi isso como uma tarefa. Ao contrário, me proporcionava a chance de estar bastante tempo com Pepsi e Sprite. Caminhava com eles todas as manhãs e noites. Assim que eu levantava, pouco importava se o dia seria difícil, eu tinha prazer em sair com os cães. Às vezes eles vinham ao meu encontro; outras, eu tinha de acordá-los.

Logo ficou bastante claro que Sprite tinha problemas de audição. Kendall pensava que ele era quase surdo. Ela precisava aumentar bastante o tom de voz para obter sua atenção, mas eu apenas batia palmas para alertá-lo se ele estivesse em outro cômodo. Algumas manhãs, quando eu estava no andar térreo da casa e Sprite permanecia no de cima, eu fazia esse gesto para conseguir que ele serpenteasse escada abaixo. Ele costumava parar lá em cima, esperando que eu lhe mostrasse uma guloseima. E só então vinha a mim. Pepsi já estava a postos, na porta da frente (ele também ganhava um agrado).

Uma vez no térreo, Sprite abaixava a cabeça, encostando-a na porta, para indicar que já estava pronto para ir.

Como todos os cachorros, ambos amavam seus passeios. Não custa muito fazer um cachorro feliz: bastam pequenas coisas, básicas. Eis aqui uma lição importante que eles nos ensinam: a carreira e as metas financeiras são importantes, as aquisições materiais, necessárias, mas os pequenos prazeres constituem a experiência mais satisfatória da vida.

Durante essas caminhadas, pude observar Pepsi e Sprite interagindo tanto um com o outro quanto com pessoas estranhas e outros cães. Além de vivenciar pequenas surpresas da natureza. Tínhamos nossas rotinas. Nos dias de semana meu tempo era limitado; portanto, geralmente andava com eles na parte de trás da casa e seguia até uma colina ao longo do campo de golfe. Havia muita coisa para que vissem e cheirassem. Eles analisavam cuidadosamente a área limítrofe do bosque perto de nossa casa. Eu poderia dizer se, tarde da noite, haviam passado por ali cervos, esquilos, gambás e raposas vermelhas, entre outros animais. Teria certa dificuldade para manter os cachorros em meu campo de visão se tentassem entrar no bosque.

Eu sempre ficava um pouco nervoso à noite. Mesmo que tivesse acendido as luzes externas e carregasse uma lanterna, nunca estaria absolutamente certo sobre que tipo de criatura estaria ali na penumbra. Às vezes eu podia ouvir um ganido de cervo, alertando seus pares (havia muitos por ali e eles, por certo, faziam ruídos). Uma noite, quando eu estava levando Pepsi sem coleira, ouvimos esse tipo de ruído e ele seguiu naquela direção. Fiquei aterrorizado. Gritei por ele tão alto que poderia acordar toda a vizinhança. Tentei segui-lo, com Sprite seguro pela guia. Eu sabia que Pepsi só queria explorar e tentar cheirar o animal, mas também sabia que, se fosse um bicho grande, poderia matar o cachorro apenas com uma patada. E não conseguia ver nem Pepsi nem o cervo.

Pepsi deve ter pensado melhor no que estava fazendo e voltou para mim. Outro desastre potencial foi evitado. Eu nunca mais o deixei solto à noite.

Você poderá perguntar: por que deixava o cão solto se ele poderia fugir? Bem, na verdade, eu não fazia isso com freqüência e também não imaginava que ele pudesse ir longe. Nunca havia feito isso antes. Mas Pepsi tem costumes muito próprios sobre onde fazer suas necessidades. Sempre tem de encontrar o lugar que lhe parece ideal. E isso pode levar algum tempo. Eu sentia que ele precisava de mais espaço para vagar, mas daquela vez aprendi minha lição.

Sprite, por outro lado, tinha o hábito de fazer suas necessidades quando chegava lá fora. Aparentemente, fora muito bem treinado por quem quer que tenham sido seus primeiros donos.

Eu gostava, em particular, de caminhar com os cachorros nos finais de semana. Ia com eles até uma colina do campo de golfe, ao longo da margem do rio, não muito longe de casa. Cruzávamos uma pequena ponte de madeira para chegar a um lugar onde eles se espalhavam, pois havia muito espaço para andar, pular, cheirar, urinar e explorar tudo.

Por ali também passeavam outros donos com seus cachorros. Sprite não representava nenhum perigo para eles, embora às vezes estranhasse seus pares. Estava sendo apenas cauteloso. Nessas ocasiões eu tinha de segurar sua coleira com muita firmeza, até que ele se acalmasse.

Kendall e eu achávamos que talvez ele tivesse sido ferido por outro cão ou, quem sabe, uma vez na vida tivesse sido derrotado em uma luta. Havia outros sinais de algum problema dessa natureza, incluindo algumas cicatrizes nas orelhas. No entanto, não podíamos, é claro, ter certeza disso.

Sprite, porém, jamais atacou ou manifestou más intenções em relação a alguém ou algo — no abrigo, no lar adotivo e em nossa casa. A despeito do que imaginávamos, eu nunca vira um animal tão amigável.

Voltar para casa era mais difícil, porque tínhamos de subir a colina. Normalmente, Sprite e eu ficávamos mais cansados quando chegávamos ao quintal. Pepsi continuava cheio de energia, assumindo suas maneiras "diabólicas", correndo por ali e depois indo em direção à porta.

Nada me dava mais prazer que observar quando Sprite, ocasionalmente, tentava imitar o jeito de correr de Pepsi. Embora tivesse artrite, dava voltas pela casa e acelerava o passo em círculos. Não fazia isso sempre porque tinha limitações físicas. Mas, quando conseguia, eu tinha certeza de que se sentia muito melhor. Dava para ver que estava feliz.

Sprite tinha um belo jeito de correr. Suas cadeiras eram bem musculosas, mas as patas relativamente curtas. Quando se sentia bem, ele podia ser muito rápido — até mais que Pepsi. Acho que poderia caracterizar sua forma de correr como um salto. Kendall até encorajava Sprite a correr ao redor da sala, com Pepsi em seus tornozelos, circulando a mesa do café.

Quando Sprite queria uma guloseima ou sair para o jardim, me avisava correndo até onde eu estava, para chamar minha atenção, e em seguida se dirigia até a despensa ou a porta. Era sua maneira de dizer: "Siga-me".

Pepsi ama andar na neve. Ele corre, come os flocos e os joga para cima, para inalar o ar fresco. Sprite, por sua vez, não era nada fã da neve. De fato não acho que fosse fã de tempo frio, sem dúvida, porque isso afetava sua artrite. Lembro que, durante o primeiro inverno em que ele esteve conosco, andei com ambos lá fora e depois de pouco tempo Sprite começou a mancar de uma das patas, sentindo dor. Eu o peguei no colo e o carreguei até a casa. Notei que havia áreas na planta de suas patas que pareciam gastas. Depois disso, limitei suas caminhadas na neve.

Quando o tempo estava bom, eu gostava de ficar sentado na grama de nosso quintal, pouco acima do rio Potomac, com um cachorro de cada lado. Relaxávamos, olhávamos os golfistas e, acima de tudo, apreciávamos a brisa. Sempre havia alguma naquele lugar. Provavelmente isso acontecia por causa do próprio rio. Jamais me preocupei de tirar isso a limpo.

Ninguém apreciava mais a brisa que Sprite. Ele levantava a cabeça, acompanhava o movimento do ar e ficava hipnotizado com isso. Ao sentir seus primeiros sinais, quando estava caminhando, ele parava para senti-la. Não se movia mesmo que eu insistisse. Em vez de demovê-lo, aprendi a ficar ali com a mesma satisfação.

As brisas contam aos cães milhares de histórias que os seres humanos jamais saberão. Seu faro, de grande magnitude, é muito mais apurado que o nosso. No caso de Sprite, até parecia que ele estava refletindo sobre o que sentia e vivenciava, em vez de simplesmente reagir ao estímulo. Essa era sua natureza. Quando alguém falava com ele, ele olhava para a pessoa como se estivesse tentando entender suas palavras, não apenas ouvindo comandos e elogios. Pepsi era semelhante. Talvez por isso fossem tão compatíveis.

Eu costumava me sentar no chão estreitando com minhas mãos a cabeça de Pepsi e Sprite e colocando meu nariz contra o focinho deles. Queria dizer a eles como eram bonitos e como eu os amava — então beijava-lhes o focinho. Eles me fitavam diretamente nos olhos e pareciam saber o que eu estava dizendo e sentindo. E eu sabia que eles também me amavam.

Por natureza, os cachorros marcam seu território. Com todo direito, Pepsi poderia ter sido agressivo se tivesse considerado Sprite um intruso. Isso nunca aconteceu. Pepsi recebeu Sprite muito bem em sua vida. Nenhum dos dois, aliás, tentou controlar o outro. Da mesma forma que não eram submissos. Tornaram-se, isso sim, bastante próximos. A relação que tinham era semelhante à de pai e filho ou de irmão mais velho e caçula — sendo Sprite o mais velho. Quando começaram a se conhecer, Sprite costumava lamber afetuosamente Pepsi, em geral o alto de sua cabeça, mas também todo o restante. Às vezes ele melecava tanto o outro que Pepsi olhava para mim como dizendo: "Você pode fazê-lo parar agora mesmo?". Mas sempre, no mesmo instante, Pepsi retribuía. Isso era admirável, em especial porque eram cachorros maduros que não haviam sido criados juntos.

Quando caminhávamos, Pepsi gostava de comer grama, um hábito que Sprite adquiriu (embora nenhum cão o fizesse com tanto entusiasmo como Pepsi). Estou seguro de que, até conhecer seu amigo, jamais passara pela cabeça de Sprite suplementar sua dieta dessa maneira. Agora eles podiam até regurgitar juntos.

Conforme o tempo foi passando, Sprite mostrava mais dificuldade em subir a colina no nosso passeio habitual; portanto comecei a caminhar com eles pela frente da casa e pelas ruas. Víamos muito mais os vizinhos — tanto os seres humanos quanto os caninos, e assim nos tornamos parte do cenário.

Meu amigo Bill Berry, que também amava cachorros e tinha um chamado Rickey, costumava comentar que sempre me via passeando com os cães e como eles tinham sorte de ter a mim. Era sempre muito agradável ouvir isso dele. Mas eu sabia que o sortudo era eu.

Havia muitas crianças por ali. Quando nos viam, chamavam Pepsi e Sprite pelo nome e corriam para brincar com eles, os quais, por sua vez, amavam esse tipo de atenção. Os vizinhos viam ambos como inseparáveis — e eles, de fato, eram.

Enquanto eu ficava apenas parte do tempo, Kendall passava o dia inteiro com eles, que a seguiam por todos os cantos da casa, do quarto à lavanderia, da sala à cozinha. Ela era a mamãe deles. Brincava com eles, saía de carro, escovava seus pêlos e os levava à pet shop. Numa ocasião dessas, o atendente lhe contou que após o banho e tosa eles quiseram ficar no mesmo casulo. Que par!

Pepsi tinha uma maneira muito particular de se movimentar quando estava pronto para sair ou no passeio: esticava as patas dianteiras e saltava com as traseiras. Sprite tentava imitá-lo quando estava muito bem. E, durante as incursões de Pepsi ao lixo da cozinha, Sprite era o cúmplice. Pepsi às vezes carregava o saco até a copa, onde passavam a devorar algumas sobras. Também reviravam o lixo no quarto de Lauren e Chase à procura de guloseimas. Raramente conseguíamos surpreendê-los nessa situação — eles sempre deixavam rastros e, quando descobertos, faziam a típica expressão de culpa. Quando entrávamos num aposento logo após um desses episódios, Kendall apenas olhava para Pepsi e ele imediatamente se dirigia até o banheiro, tomando a iniciativa de ficar de castigo. Eu não sabia qual era a experiência anterior de Sprite a esse respeito, mas ele estava muito feliz com a recompensa que encontrara no seu novo lar.

Pepsi e Sprite tinham hábitos alimentares diferentes — suas vasilhas de água e comida eram separadas, mas ficavam bem próximas, para que pudessem compartilhar aquele momento. Quando colocávamos a ração, Pepsi devorava tudo tão depressa que eu duvidava que sentisse algum sabor. Eu nem tinha certeza de que ele chegava a mastigar os pedaços antes de engolir. Sprite, por sua vez, comia bem devagar. Gostava de sentir o sabor. Olhava para a comida e decidia qual pedaço era mais apetitoso, e comia aquele, primeiro. Os menos atraentes ele separava e colocava no chão, e nem sempre os comia. Se os rejeitasse mesmo, Pepsi tratava de devorá-los, mas nem sempre tomava água depois da refeição. Sprite sempre terminava de comer com um gole de água.

Suas preferências quanto ao sono também eram distintas. Pepsi preferia ficar embaixo do criado-mudo ou atrás das cortinas, perto da cama. Sprite gostava de fazer um ninho com roupas, cobertores e almofadas macias. Colocávamos esses elementos nos seus lugares favoritos da casa. Pepsi não se mexia muito durante a noite. Sprite geralmente pegava no sono aos pés de nossa cama e mudava de lugar três ou quatro vezes. Uma manhã eu o encontrei esparramado sobre uma pilha de roupas sujas na lavanderia.

Muitas vezes ele dormia no segundo andar, fora de nosso quarto, que ficava no topo da escada. Ali tinha uma bela vista das janelas tanto da frente quanto de trás da casa.

Lembro que várias vezes ele latiu no meio da noite ou ao amanhecer, quando a luz do sol começava a se refletir nas águas do Potomac, às margens de Maryland. Outras vezes, ele latia ao ver a sombra das árvores desenhada pelas luzes da rua.

Quando ele fazia isso, eu levantava e ia ficar ao seu lado. Começava a fazer cafuné no seu peito, e ele rolava de um lado para o outro. Eu sussurrava que estava tudo bem e que ele podia relaxar. Rapidamente ele voltava a dormir. Quando eu retornava ao meu quarto, ele levantava a cabeça, me dava uma olhada e a abaixava outra vez. Estava tranqüilo, e eu também. E ficava ali aninhado como um filhote de cervo.

Sprite gostava de ser abraçado, e nós adorávamos fazer isso. Era muito bom segurá-lo no colo e estreitá-lo nos braços. Algumas vezes, Kendall e eu o colocamos em nossa cama. Ele se deleitava com o contato mais estreito e era particularmente afetivo. Pepsi também. E, quanto mais ficava próximo de Sprite, mais era capaz de expressar isso.

Ambos sempre davam boas-vindas às pessoas, na entrada. Se ouvissem um carro ou um caminhão de entregas passar na rua, colocavam-se em posição: um em cada lado da porta da frente, olhando para fora das janelas e latindo para quem se aproximasse, enquanto suas caudas balançavam à velocidade do som. Era fácil distinguir os diferentes latidos, porque o de Sprite era mais profundo que o de Pepsi.

Quando latiam juntos, era como música para meus ouvidos. Eu sabia que era assim que tinha de ser.

Os cães costumavam fazer uma tremenda algazarra para qualquer pessoa que viesse à casa, mas tinham seus favoritos. Meu pai, Jack, que agora vive na Flórida com minha mãe, nem sempre nos visita. Mas, quando vinha, Sprite e Pepsi gostavam de ficar perto dele. Papai lhes dava atenção, era gentil com eles, com quem falava em tom suave e amigável. Os cães sabem quando estão diante de uma pessoa que ama cães, e meu pai é uma delas. Pode-se dizer o mesmo a respeito de meu irmão Doug, que nos visita algumas vezes por ano — ele mora na Filadélfia. Doug é alto e pode parecer assustador para um cachorro, mas eles perceberam rápido que é boa gente. Pepsi e Sprite ficavam sempre muito entusiasmados ao vê-lo.

Ambos também adoravam meu amigo de infância Eric Christensen. Ele não tinha irmãos. Quando éramos crianças, vinha freqüentemente à minha casa não apenas para brincar comigo e com meus irmãos, mas para visitar nossos cachorros Prince e Lady. Lembro quando, há uns trinta anos, ele chegou carregando seu próprio filhote, trazido de um abrigo. Era uma fêmea mestiça de jack russell. Recebeu o nome de Muffin. Até hoje, Eric fala comigo sobre ela. Você nunca esquece um cachorro muito querido. Não tem a menor importância quanto tempo passa.

Eric sempre fazia com que Sprite e Pepsi se sentissem especiais. Brincava com eles e os agradava. Sabia como e quando gostavam de ser acariciados. Tem um jeito com os animais que poucas outras pessoas manifestam. Ele entende que têm personalidades e sentimentos diferentes e presta atenção neles. Quando ele aparecia, Pepsi e Sprite sabiam que a diversão estava garantida com um bom amigo. Estavam sempre ávidos para vê-lo.

E nossos vizinhos mais próximos — Maurício e Renata Mendonça e seus filhos Luiza, Julia e Daniel — são queridos e extraordinários amigos. Só os conhecemos quando nos mudamos para esta nova casa, há cerca de três anos.

Foram apresentados a Sprite desde que ele veio morar conosco. São brasileiros, pessoas muito calorosas e carinhosas. Parece que nos conhecemos desde sempre. Os Mendonça têm seu próprio cachorro, uma dachshund chamada Maggie. Ela sempre vinha brincar com Sprite e Pepsi, quando ficava na área externa.

Todas as vezes que saíamos da cidade para visitar a família ou tirar férias, pedíamos aos Mendonça que tomassem conta de Pepsi e Sprite. Eles ficaram muito apegados aos cães e sabíamos que estavam em boas mãos. Nunca nos desapontaram. Eu não queria deixar os animais em um canil ou em outro lugar estranho para eles. Pepsi não estava acostumado a isso, e Sprite já tivera sua parte nesse latifúndio. Eu queria que ficassem num lugar conhecido quando não estivéssemos por perto.

Antes de sairmos de viagem, sempre garantíamos que a casa estivesse segura, o termostato corretamente posicionado e que houvesse luzes suficientes para que os cães pudessem caminhar sem dificuldade. Ainda tomava o cuidado de manter as tampas dos assentos de banheiro abaixadas, desde que percebera que Sprite tinha o costume de beber água dali a todo momento. Penso que esse hábito ele desenvolvera quando estava com sua família original. Também deixávamos uma longa lista de informações úteis, desde remédios a serem dados até telefones para qualquer emergência. E eu sempre levava o número de telefone dos Mendonça anotado em minha carteira.

Quando regressávamos ao lar, Pepsi e Sprite nos recebiam com grande excitação. Pepsi mal podia conter o entusiasmo, movimentando-se em direção a cada membro da família. Sprite, por sua vez, costumava se aproximar e pressionar a cabeça contra nossas pernas, uma atitude de incrível ternura. Repetia a mesma coisa tanto para nós quanto para os amigos. Com o tempo, Pepsi passou a imitá-lo.

De dezembro de 2004 a dezembro de 2005, a saúde de Sprite ia muito bem. Não houve problemas sérios. Mas eu sempre ficava imaginando sua vida antes de nossa presença. Ele era um cão muito bem-comportado e adorável. Tinha sido até mesmo treinado, pela família original, a dar a pata mediante comando.

Mas havia uma reação dele que me incomodava. Todas as vezes que tentávamos acariciá-lo no lombo ou na cabeça, ele tremia ou estremecia. Pepsi nunca regia dessa forma. E, claro, nunca maltratamos Sprite e jamais lhe demos uma única razão para ter medo. Então imagino que possa ter apanhado nessas áreas do corpo, no passado, porque latia ou por qualquer outro motivo. Eu rezava para que isso não tivesse acontecido e jamais saberei a verdade. No entanto, pensar a respeito era muito difícil.

*Capítulo 6*

# Jantar com Pepsi e Sprite

**DEZEMBRO DE 2005**

TRANSMITO MEU PROGRAMA de rádio a partir de meu escritório no porão de minha casa — "o *bunker* de concreto e aço", como o chamamos. Um dos benefícios, claro, é que posso ficar muito mais tempo com os cachorros do que se tivesse de viajar todos os dias até o estúdio, em Washington.

Costumo chegar em casa, após trabalhar na Fundação Landmark Legal, por volta das quatro da tarde. Cada tarde estaciono o carro na garagem, entro em casa e sou recebido por Pepsi e Sprite como se tivesse ficado ausente por semanas. Eu os abraço e beijo. E eles já sabem o que vem em seguida — vou até a despensa para ver o que oferecerei a eles.

Ambos ficam parados na entrada, esperando que eu reapareça. Quando entro de novo em seu campo de visão, eles me fitam com um olhar fixo, de "raio laser", e muita ansiedade. Jogo uma guloseima para Pepsi, que consegue pegá-la com facilidade. E coloco a de Sprite no chão, para que possa degustá-la. Eventualmente saio com eles para um passeio extra, caso Kendall não esteja ali para fazê-lo.

Se me dirijo ao porão, eles me seguem. Sprite tem um jeito muito particular de se anunciar quando desce as escadas em direção a esse cômodo. Lá do topo, faz um barulho semelhante a um "ta-da!" Ao contrário do primeiro pavimento da casa, onde o acesso é por degraus de madeira, a descida ao porão é acarpetada, assim ele não tem que se preocupar com escorregões e quedas. Pode caminhar depressa em poucos segundos. Nesse ínterim, Pepsi já está brincando com sua bola ou um osso.

Fico grande parte do dia nesse meu espaço privativo. É onde produzo a maior parte do meu programa de rádio. Da mesma forma, escrevo a maioria de meus artigos e livros.

Não há nada extraordinário ali. É um lugar bem parecido com outros escritórios, exceto pela existência de um microfone, fones de ouvido e um equipamento "Zephyr" — uma caixa repleta de aparatos eletrônicos e cabos conectados a uma linha telefônica. Não pretendo saber como isso funciona, mas de alguma maneira o "Zephyr" permite que eu transmita meu programa para milhões de pessoas em todo o país. Antes e durante a apresentação, checo as notícias no monitor, seja da televisão ou do computador, para garantir que esteja em dia com o que acontece.

Sprite e Pepsi permanecem uma hora ou mais sentados por ali, enquanto faço o roteiro do programa. Pepsi se refestela perto da minha mesa, e Sprite se esparrama em uma almofada macia, um pouco mais distante. E ficam descansando até que ouçam alguém chegar em casa. Cerca de trinta minutos antes de começar a transmissão, tenho de colocar os cachorros para fora e fechar a porta, para evitar qualquer ruído que possa me distrair ou ser captado pelo microfone. Mas nem sempre isso funciona bem.

O porão tem janelas, então é possível ver os jogadores de golfe e seus auxiliares circulando, com o rio ao fundo. Muitas vezes, enquanto estou no ar, ouço latidos que os cães dirigem aos golfistas. Quando o barulho fica muito alto, sei que há alguém no meu quintal à procura de uma bola perdida. Sempre fico imaginando se os ouvintes podem escutar os latidos. Rich Sementa, meu produtor e engenheiro, garante que não, mas uma vez ou outra deixo a porta aberta. Nesses casos sei que o barulho é ouvido de costa a costa. Eu até mesmo costumo brincar a respeito disso.

Eu não tinha idéia até determinado momento, mas meus ouvintes estavam desenvolvendo uma relação com meus cachorros. Quando não havia ninguém em casa, exceto eles e eu, Pespi e Sprite costumavam permanecer do lado de fora do escritório, durante toda a transmissão de duas horas, aguardando pacientemente que eu terminasse. Assim que acabava, abria a porta, e eles pulavam lá para dentro. Eu fazia uma grande festa com eles, agradecendo por me esperarem. Então subíamos para a cozinha, onde nos reuníamos para jantar.

Se Kendall estivesse em casa, os cachorros tratavam de segui-la por toda parte enquanto eu estava no ar. Como a cozinha está localizada sobre o piso do escritório e transmito o programa na hora do jantar, podia ouvir o ruído das patas no chão de madeira enquanto Kendall preparava a comida com os dois nos seus calcanhares. Pespi e Sprite caminhavam de maneiras diferentes. Sprite em passos mais curtos do que Pepsi. Assim eu sabia qual deles estava caminhando naquele momento.

Muitas vezes a família já havia terminado de comer quando eu saía do ar. Se Kendall estivesse em casa, ela e os cachorros normalmente iam para o quarto de casal, onde ela ficava lendo, vendo TV, montando um quebra-cabeças ou guardando a roupa passada.

Mesmo com suas limitações auditivas, Sprite percebia quando eu retirava o prato do forno. Ele então descia. Pepsi também fazia isso, mas traçava outra rota para chegar.

Essa era nossa rotina quase todas as noites. Era *sempre* o ponto alto do meu dia: ter Sprite e Pepsi como companheiros de jantar. Eles ficavam comigo. Sprite costumava colocar a cabeça em uma de minhas pernas, olhando para mim durante toda a refeição, sem perder um movimento. Ficava tão ansioso para conseguir uma migalha de comida humana que seu corpo até estremecia. Muitas vezes, ele não conseguia ficar muito tempo naquela posição por causa da artrite, então se deitava no chão perto de mim. Pepsi sentava-se próximo de minha outra perna, também aguardando por uma porção de minha comida. Se Sprite se movia para aquele lado, Pepsi saía do caminho e trocava de posição com ele.

Como ambos tinham diferentes hábitos alimentares, também se comportavam de maneiras distintas à mesa. Se eu lançasse um pedaço de comida para Pepsi, ele pegava no ar antes que caísse no chão. Se fosse para Sprite, a oferta caía sobre sua cabeça e resvalava para o chão. Sprite não só tinha melhores modos diante da comida como, em razão da idade e da saúde, tinha menos mobilidade que Pepsi, por isso eu lhe facilitava as coisas.

Enquanto comia, falava com eles.

"Vocês tiveram um bom dia?"

"Vocês se comportaram direitinho?"

"Alguma novidade?"

"Vocês estão muito bonitos hoje!"

Eu lhes contava como tinha sido meu dia ou comentava algum acontecimento de nossas vidas. Eles olhavam para mim com curiosidade, ou talvez como se eu fosse meio louco. Depois eu os levava para o último passeio do dia.

Sprite e Pepsi percebiam muito bem quando qualquer um de nós estava um pouco triste ou necessitava de mais atenção e amor. Durante boa parte de 2005, sofri de *plantar fasicitis* — uma inflamação na base do pé, no meu caso no direito, que provoca muita dor. No começo de dezembro a coisa complicou. Não é um problema incomum, e geralmente o tratamento costuma ser à base de remédios, mas não era esse o meu caso. Como persistiu por muitos meses, eu tinha que andar usando uma bengala e mancava muito. Decidi que não havia outra opção senão uma cirurgia.

Era um procedimento relativamente simples. Foi realizado, e o médico imobilizou a região afetada, recomendando que eu não caminhasse por duas semanas. Em seguida, prescreveu um analgésico poderoso e mais um remédio para evitar náuseas, que usei poucas vezes. Tínhamos um quarto de hóspedes no porão, com banheiro completo, então fiquei lá embaixo durante esse tempo de recuperação.

Tinha de usar muletas, arrastar-me ou pular em uma perna só para me movimentar por ali. O quarto fica bem próximo ao escritório, portanto não havia problemas para produzir e transmitir o programa nessa fase de restabelecimento. Uma vez que conseguisse chegar à minha mesa, sentava-me e pronto! Tudo de que eu precisava estava ali mesmo.

Kendall cuidou muito bem de mim. Ela e as crianças me visitavam, mas eu estava limitado ao porão. Aquilo me aborrecia. Tinha muita vontade de dirigir, como freqüentemente fazia à noite. Isso me ajuda a relaxar depois de treze horas de trabalho diário.

Quando eu queria sair do porão, precisava me esforçar muito para subir as escadas em direção ao térreo. Uma vez caí de cabeça degraus abaixo ao voltar, porque estupidamente tentei usar as muletas nos degraus. Fiz alguns cortes profundos na perna e nos cotovelos e não voltei a perpetrar a proeza.

Todavia, bem no momento em que eu começava a me sentir uma vítima completa, deitado na cama ou vendo TV, meus dois companheiros prediletos e buliçosos apareciam para me visitar. De fato, quando perceberam que podiam me encontrar no porão e que era ali que eu estava dormindo, apareciam o tempo todo. Algumas noites, dormiram perto de minha cama. Não dá para expressar que satisfação aquilo me proporcionava, quando, no meio da noite, eu despertava e encontrava Sprite, Pepsi ou mesmo ambos dormindo no chão, ali perto.

Não há nada como a lealdade e o amor que os cachorros têm por suas famílias. Nada.

Já fazia um ano desde que Sprite tivera aquele ataque. E não houve mais nenhuma crise. A artrite, porém, agravou muito – pegando desde o pescoço até as costas e as cadeiras –, e trabalhávamos com os veterinários para encontrar a melhor combinação de remédios capaz de ajudá-lo. Alguns dos medicamentos provocavam náuseas ou enjôos e tinham de ser suspensos. Sempre voltávamos ao Rimadyl, que lhe proporcionava algum alívio, embora não soubéssemos realmente quanto.

Havia dias em que Sprite se cansava com facilidade e tinha de ir devagar. Isso é o que acontece com cachorros velhos. Mas a maior parte do tempo ele queria compartilhar (ou ao menos tentava) as brincadeiras e atividades habituais na casa.

Estávamos no final de dezembro de 2005, e as coisas estavam prestes a mudar de rumo – para pior.

## *Capítulo 7*

# Não existe "para sempre"

**FINAL DE DEZEMBRO DE 2005**

PELA SEGUNDA VEZ, Sprite estava conosco no Hanucá e no Natal. Como acontece com muitas famílias, essa é uma época especial em nosso lar. Kendall se esmera para decorar a casa. Seguindo a tradição, temos o menorá não muito distante da lareira, onde as meias estão penduradas. Kendall gosta de cozinhar, então sempre há muita comida para petiscar.

Eu me lembro de pensar, nesse feriado em particular, como fora afortunado ao longo daquele ano. Meu livro estava indo muito bem. Eu estava prestes a concluir, em poucas semanas, as negociações com a rede ABC de Rádio e

Televisão para retransmitir meu programa de rádio, e a Fundação Landmark Legal estava em seu melhor período, em trinta anos de existência.

Essas realizações profissionais, embora fossem gratificantes, não faziam daquele um ano tão especial. A razão estava na plenitude de nossa família, graças à presença de Sprite, que se tornou parte integral de nossa vida cotidiana. Ele era um amigo para Pepsi, um amado companheiro para Kendall, um alegre e leal colega para Lauren e Chase e uma luz brilhante em minha vida. Parecia que ele sempre estivera ali. Eu já não podia imaginar a família sem ele. Olhava para Sprite e Pepsi e ficava maravilhado com o fato de terem ficado tão próximos, sem nenhuma dificuldade, e com a adaptação do novo ente em nosso lar.

Sua bondade, beleza e afeto nos conquistou. A despeito do fato de ele ter perdido sua família original e de ter de enfrentar a grave artrite — vencendo desafios emocionais e psicológicos que muitos de nós teríamos grande dificuldade de enfrentar —, Sprite era uma alma alegre, que recebia muito bem quem quer que dedicasse algum tempo para conhecê-lo, falar ou brincar com ele.

Aquele era, portanto, um período de festas especial. Quando eu pensava em tantas bênçãos, imaginava que a vida não podia ser melhor do que se apresentava naquele momento.

Contudo, alguns dias depois, sofreríamos um duro golpe, que havia de abalar minha fé e minha capacidade de superar uma tragédia de maneira como eu nunca vivenciara antes.

Não lembro exatamente a data, mas eu estava caminhando no vestíbulo e a luz do sol brilhava no interior da casa, quando Sprite veio em minha direção. Eu não podia acreditar no que estava vendo. Percebi na hora que o lado direito de sua cabeça, bem acima da sobrancelha, ostentava uma grande depressão. O aspecto era tão impressionante que o olho parecia ter sido sugado para dentro do globo. Literalmente, tive de recuperar o fôlego. Senti que o ar me faltava. Tomei a cabeça dele em minhas mãos para examiná-la de perto e comecei a chorar. Naquele exato instante, soube que estávamos diante de um problema grave.

Kendall e as crianças estavam prestes a chegar. Tinham ido a Huntsville, no Alabama, para o casamento de minha cunhada Ashley. Liguei para ela, avisando que havia algo terrivelmente errado com Sprite. Tão logo entrou em casa e o viu, Kendall teve a mesma reação: seu rosto estampava perplexidade: "Não! O que aconteceu?". Respondi que era algo que acabara de ver também, mas que não sabia por que ou como acontecera. Sprite começou a esfregar o olho direito com a pata ou ficava roçando a região contra o sofá ou nossas pernas. Não parecia estar sentindo dor, mas ali havia algo que, sem dúvida, o irritava.

Nós o levamos para o Hospital Veterinário Old Mill, em Leesburg, na Virgínia. A doutora Jessica Plant, que cuidara muito bem de Pepsi e de Sprite durante consultas realizadas no ano anterior, tinha uma maneira muito especial de falar com eles, para que ficassem tranqüilos. Era cheia de compaixão, e eles confiavam nela. Mas naquele dia ela não estava.

A primeira veterinária a examinar Sprite foi a doutora Judy Bardsley. Nós não a conhecíamos bem, mas sua gentileza e profissionalismo eram visíveis. Ela logo percebeu que estava diante de um caso grave. Seu diagnóstico foi "pronunciada atrofia do masseter", um severo encolhimento ou contração da musculatura do lado direito da face. Ela agendou radiografias e uma biópsia do tecido afetado.

O doutor Chris Hussion foi o responsável pela realização dos exames. Ele revisou as anotações da colega e decidiu ouvir a opinião de um especialista em neurologia. Este indicou, como próximo passo, a realização de uma ressonância magnética. Acreditava que Sprite pudesse ter um tumor não no cérebro, mas no nervo que controla a musculatura do lado direito da face. O doutor Hussion explicou que se o procedimento fosse realizado e o diagnóstico estivesse correto teríamos de estar preparados para enfrentar a necessidade de uma cirurgia urgente e de uma série de tratamentos que poderiam degradar muito a qualidade de vida do animal caso ele não morresse em conseqüência dos procedimentos. Ele estava especialmente preocupado sobre o uso de anestesia, uma vez que seria imprescindível toda vez que Sprite estivesse em tratamento. Estimou que o cachorro talvez tivesse entre treze e catorze anos de idade, ou talvez mais, o que era mais um fator complicador para o quadro. Informou ainda que o neurologista havia sugerido tentar medicar Sprite com prednisona, um tipo de esteróide que talvez pudesse ajudar.

Nossa família estava chocada com tudo aquilo. Era duro demais para ser digerido. Eu tentara tirar da minha cabeça a possibilidade da morte de Sprite desde aquele fatídico Halloween, quando ele teve o colapso. Mas agora não havia mais como evitar. O prognóstico não era bom. Tínhamos de enfrentar a realidade: Sprite era velho e estava muito doente, o que não nos dava nenhuma boa alternativa. Tratava-se de fazer o que quer que fosse melhor para ele, e, acima de tudo, não queríamos que sofresse.

Outro pensamento invadiu minha mente. Voltei ao passado e me lembrei de algo que acontecera quando eu tinha cerca de vinte anos e nosso amado cachorro Prince ficou doente. Meus pais fizeram tudo o que puderam para salvá-lo. Eu nunca soube os detalhes, exceto que Prince recebeu a melhor atenção médica possível, naquele tempo. Mesmo assim, sofreu durante os últimos dias de vida.

Não faz muito tempo, perguntei aos meus pais sobre a morte de Prince. Minha mãe me contou que quando ele tinha mais ou menos doze anos começou a perder os pêlos. A pele, assim exposta, ficou muito sensível, e começaram a surgir feridas nas costas dele. Eles o levaram para a Escola de Medicina Veterinária da Universidade da Pensilvânia, considerada uma das melhores instituições da Filadélfia para pesquisas e tratamento de animais. Meu pai disse que o primeiro especialista a atendê-lo não era lá muito cheio de compaixão, mas parecia bastante competente. Ele prescreveu algo da medicina experimental. Não levou muito tempo para que os pêlos de Prince voltassem a crescer — até mesmo mais espessos que antes —, mas sua saúde declinou sobremaneira. Mamãe admitiu que eles não aceitavam a idéia de sacrificá-lo, então optaram por mantê-lo vivo por mais tempo do que seria admissível. No final, Prince sofreu — ela admitiu, com pesar. E meus pais se arrependem disso até hoje. Eu podia sentir a angústia na voz de minha mãe quando ela falou a respeito comigo.

Meu pai e meu irmão caçula, Rob, que, como o mais velho, Doug, é um tipo de bom coração, em dado momento resolveram levar Prince ao hospital, para livrá-lo de tanta dor. Meu pai lembrava que a veterinária de plantão era uma mulher muito gentil. Ao olhar para Prince, disse: "Deus do céu, este cão está sofrendo terrivelmente!".

Por mais que a medicina estivesse avançada, Kendall e eu nos preocupávamos em começar algum tipo de tratamento ou cirurgia que pudesse piorar as condições de Sprite ou até mesmo encurtar sua vida. Assumi que ele tinha um tumor, como havia dito o doutor Hussion. Naquele momento, já estávamos convencidos de que não íamos submetê-lo ao trauma de uma complicada operação na cabeça.

Nossos veterinários nos garantiram que a atrofia muscular não causava dor. Na verdade, Sprite realmente não parecia sofrer com isso. Além de sentir desconforto a ponto de ficar esfregando o olho, o que não poderia ser evitado, mas aliviado de alguma maneira com colírios e pomadas, Sprite poderia agüentar por algum tempo.

Demos a ele a prednisona, que apenas lhe causou mal-estar. Depois de algumas semanas tivemos que reduzir o medicamento. Naquele ponto, não havia mais nada que pudéssemos fazer, além de lhe oferecer amor e passar ainda mais tempo com ele. Não havia indicação de que ele fosse morrer de repente, mas sabíamos que não existiria um "para sempre".

Quando 2006 começou, continuamos nossa vida, dando prioridade a Sprite.

Seguimos nossa rotina. Aquele seria um ano memorável, com alguns importantes marcos, e Sprite compartilharia todos.

Após meses de negociação, a Rede ABC lançou meu programa de rádio. Eu precisaria dedicar muita atenção a isso para que fosse um sucesso, mas tratava de reservar um tempo com minha família.

Apesar da enorme pressão para ampliar a audiência e contar com mais pontos de transmissão, fiz o possível para limitar as viagens que deveria fazer. Para muita gente é fácil ser sugado pelo brilho da "celebridade" — como era o desafio, no meu caso. Ou pela popularidade do momento.

Mas uma frase dita pelo ator George C. Scott no meu filme favorito, *Patton*, está entre as minhas prediletas desde que vi a fita com treze anos: "A glória é fugaz". Penso que foi um ícone do rádio, Jean Shepherd, que colocou a questão de uma maneira ainda mais clara: *Cinco séculos atrás nenhum de nós existia. Para mim, a moral sobre isso é que a família é a parte mais importante de nossa vida. É nossa herança e nossa imortalidade.*

Durante as horas em que preparava meu programa de rádio, Sprite e Pepsi ficavam ali comigo, como antes. Continuávamos a jantar juntos e sair em caminhadas noturnas. Mas agora eles eram mais importantes do que nunca.

Celebramos o aniversário de dezoito anos de Lauren em março e o de quinze anos de Chase em maio. O de Sprite e Pespi, também. Pepsi nasceu no dia 7 de julho de 1998. Não sabíamos a data de nascimento de Sprite, então a festa para ele acontecia no dia em que o adotamos, em outubro.

Aquele foi ainda o ano em que Lauren se graduou no segundo grau. Kendall convidou a família, os amigos e vizinhos para uma festa vespertina em sua homenagem. Ofereceu uma série de delícias na mesa de jantar. Era um ensolarado e agradável dia de junho, então abrimos as portas do deque, com vista para o rio. Pespi e Sprite estavam circulando pela casa todo o tempo. Saudavam as pessoas e tratavam de abocanhar restos de comida onde quer que alguém esquecesse o prato ou eventualmente deixasse cair no chão. E, claro, eu também contribuía, jogando algo na direção deles, quando ninguém estivesse olhando.

Como sempre, entregadores e eventuais trabalhadores que chamávamos apareciam ao longo do ano, e Sprite e Pepsi continuavam a latir para eles da janela, recebendo-os quando entravam na casa e ficando ao lado deles durante a visita. Os cães ficavam felizes ao conhecer alguém novo e curiosos sobre o que a pessoa viera fazer ali.

Na primavera e no verão, eles fizeram companhia a Kendall enquanto ela plantava flores e cuidava do jardim. Ficavam pertinho dela. Também latiam para os golfistas através das janelas do porão, como faziam antes. Tudo permanecia como de costume.

No entanto, ninguém ignorava que Sprite estava definhando a olhos vistos. Seu corpo mostrava sinais de velhice e o tumor progredia. Seu andar tornou-se mais rígido. Ele espirrava com muito mais freqüência e tinha pequenos colapsos noturnos. Eles não implicavam risco de morte, mas eram evidentes.

Apesar de tudo, Sprite nunca parou de aproveitar a vida. Continuava entusiasmado com pequenas coisas: o momento em que retornávamos para casa, a hora das refeições e as guloseimas. Ele continuava a olhar para nós com aqueles olhos grandes, afetuosamente roçando em nossos corpos e procurando aninhar-se. E, com Pepsi, ainda permanecia esperando por mim na porta do escritório, enquanto eu transmitia meu programa, para depois me acompanharem no jantar.

Embora os dias bons superassem os maus, eu não podia deixar de pensar no pouco tempo que nos restava com Sprite. Tentava tirar isso da cabeça, mas não conseguia. Costumava ficar olhando para ele durante muito tempo — quando ele estava dormindo ou comendo, ou sentado com Kendall e as crianças, ou simplesmente deitado aos meus pés — e refletindo sobre o precioso presente que ele era para a família. Apesar de todos os seus problemas, ele tinha muita graça e dignidade. Aprendi muito com ele: sobre mim, sobre a vida e sobre categoria, classe. Pepsi também me ensinou uma série de coisas — ele demonstrava sua atenção e amizade por Sprite, e era igualmente correspondido. Era como se eles soubessem o que estava se passando. Durante o verão, lutei contra minhas emoções, geralmente em silêncio. Eu sabia o que estava nos aguardando e não estava bem preparado para isso. Nesse meio tempo, porém, fazíamos o que qualquer outra família faz: seguíamos nossa rotina diária.

Em muitas de nossas visitas ao veterinário, vi um livreto que estava colocado em um dos lados do balcão, na recepção. Tratava de decisões de fim da vida para cães e gatos. Ele estava sempre ali. Não era confortável olhar para ele. Fazia com que eu tivesse que encarar e aceitar o destino de Sprite, mas eu não estava pronto para isso.

Então, certo dia, resolvi pegar a publicação. Levei-a para casa e a guardei em uma gaveta da mesa do escritório.

Lauren foi aceita como aluna na Universidade do Alabama, em Tuscaloosa, onde Kendall também estudou. A princípio, ela estava toda entusiasmada com a perspectiva de ir para outra cidade, onde teria as próprias acomodações, vivendo por sua conta. Foi lá conferir tudo com a mãe. Havia a vantagem de que o lugar ficava perto de onde vivia a família de Kendall. Lauren convencera a amiga de infância, Ambre Rypien, a cursar a mesma instituição e ser sua colega de quarto. Tudo ia muito bem, mas quando agosto chegou e estava próximo o momento de ir embora para o Alabama Lauren começou a ficar ansiosa. Ela até me confidenciou que estava reconsiderando a idéia de ficar tão longe de casa.

Eu não podia fazer muito a respeito. Já não havia outras opções, porque Lauren descartara as propostas de outras escolas. Então eu lhe disse para tentar durante um semestre e, se ela não se sentisse feliz, poderia tentar a transferência para outra universidade mais próxima de casa, no semestre seguinte.

Decidimos que Kendall ficaria com ela no primeiro fim de semana que se seguiu ao início das aulas e voltaria no próximo. Assim, nossa filha enfrentaria mais facilmente aquele momento.

Estávamos no final de agosto. Não havia vôos diretos de Washington para Tuscaloosa. Era preciso ir até Birmingham e depois seguir de carro até o campus, que ficava a pouco menos de cem quilômetros de distância. Mas eu nem sequer conseguia encontrar um vôo direto para Birmingham, porque havia um feriado na ocasião. Aí optei por uma passagem de Washington para a cidade de Charlotte, com conexão em Birmingham, e dali alugar um carro para ir até o alojamento de minha filha.

Durante a curta espera em Charlotte, matei o tempo olhando as lojas. Fui até uma joalheira que tinha na vitrine vários pingentes de cerâmica no formato de cachorrinhos de diferentes raças. Eram pintados à mão. Entrei e comprei dois mais parecidos com Pepsi e Sprite. Eu sabia que Lauren ia sentir muita falta dos cachorros; ela os adorava. Achei que isso poderia ajudá-la a tê-los em sua companhia. Quando lhe entreguei o presente, ela ficou encantada. Fiquei lá uns dois dias, ajudando-a, entre outras coisas, a organizar o quarto e a lavar suas roupas na lavanderia comunitária no andar do seu apartamento. Adorei nossas refeições em conjunto e passei um tempo muito agradável com ela. Sou muito próximo de Lauren, da mesma forma que acontece com Chase. Temos um forte vínculo, como muitos pais e filhas. E, verdade seja dita, eu estava tão chateado em deixá-la quanto ela de se afastar de casa, mas tratávamos de aparentar que estava tudo bem. Lauren desejava voltar e eu não queria fazer nada que piorasse mais as coisas, oferecendo-lhe falsas esperanças. Ela tinha mesmo de ficar lá durante o primeiro semestre.

No dia em que fui embora, ficamos bastante tempo juntos durante a manhã, em seu dormitório. Mas as horas passaram rápido. Quando descemos de elevador até a recepção coloquei meus braços ao redor do seu ombro. Atravessamos a entrada até chegarmos à porta. Paramos e nos abraçamos. Ficamos ali, agarradinhos, muito mais tempo que de costume. Lauren sorriu para mim entre lágrimas. Sorri de volta, represando minhas emoções. Eu lhe disse: "Sabe, Lauren, quando fui embora para a faculdade, eu só podia telefonar para os meus pais uma vez por semana. Era muito caro e difícil conseguir fazer uma chamada, até porque o telefone era no corredor. Você tem um celular e pode falar conosco a qualquer momento ou mandar uma mensagem". Então a beijei e acenei em despedida. Quando dei as costas a ela, deixei que as lágrimas rolassem soltas pela minha face.

Durante a viagem de volta para casa, tive muito tempo para refletir — sobre Lauren, que eu deixava para trás enquanto ela iniciava uma nova fase de sua vida, e sobre Sprite, que entrava na fase final de sua existência.

Eu imaginava se Lauren veria Sprite novamente. Caso não conseguisse, ela ficaria devastada.

De uma coisa eu tinha certeza: os próximos meses seriam terrivelmente dolorosos.

*Capítulo 8*

# Um tremendo declínio

**SETEMBRO DE 2006**

EU DEVERIA ASSISTIR a um grande seminário sobre rádio em Dallas, na terceira semana de setembro. Era também meu aniversário. Particularmente, não me importo muito com esses eventos profissionais, de fachada. Acontecem, em geral, duas vezes ao ano. Embora preferisse ficar em casa, sabia que ninguém pode fazer sucesso com um programa de rádio se não reservar algum tempo para contatos com pessoas que trabalham na área, incluindo diretores, executivos de estações ou de tramissoras e de mídia. Tal como acontece em outras profissões, nessas ocasiões de congraçamento você conhece muitos deles. Mas eu só conseguia pensar em Sprite.

Quanto voltei para casa, as condições dele haviam piorado muito. Em questão de dias, ele já não podia caminhar direito e tinha dificuldade até para ficar em pé. Quando conseguia, suas patas tremiam. Tínhamos de carregá-lo escada acima ou abaixo. Os espirros, que se tornaram mais freqüentes, eram também mais fortes. Sua mandíbula estava ficando ligeiramente desalinhada e o lado direito da boca, mais paralisado que antes. E sua pobre cabeça parecia pior do que jamais se vira. Pensei comigo mesmo: como isso pôde acontecer tão depressa? Não estou pronto para perder meu Sprite!

Nos próximos dias tivemos uma enxurrada de contatos e visitas a veterinários. Tentamos novos medicamentos, bem como fazer ajustes nos antigos. Estávamos desesperados para fazer o que quer que fosse possível para deter aquele declínio. Todavia, os prognósticos não eram nada bons. Os veterinários não podiam ser mais gentis e solidários, mas não eram mágicos. Faziam tudo o que podiam. Garantiam que Sprite não estava sofrendo, porém não havia a menor dúvida de que estava lutando com muita dificuldade para superar as crescentes limitações. Eles nos disseram que cabia a nós sinalizar quando chegasse o tempo de deixá-lo ir embora. Então, tentamos fazer com que ficasse confortável ao máximo e lhe demos ainda mais amor e atenção.

Nem Kendall nem eu podíamos aceitar que estávamos perdendo Sprite. Nem sequer havíamos pensado nisso antes. Sim, tínhamos tido cães, mas jamais havíamos estado na posição de tomar a decisão de como e quando deveriam deixar de viver. Isso era pesado demais para ambos do ponto de vista emocional. Eu disse a ela que precisávamos começar a pensar sobre como sacrificá-lo, se aquela espiral descendente ficasse crítica, e o que faríamos com seus restos mortais. Mas não conseguíamos concluir nada, muito menos terminar a conversa.

Alguém pode argumentar que havíamos tido muito tempo para nos preparar. Talvez, mas isso não tornava aquele passo mais fácil ou confortável para mim. Lembro-me de ter lido a seguinte frase em algum lugar: "Nenhum tempo na Terra é longo o bastante para conviver com aqueles que amamos ou para preparar nossos corações para o adeus". Digitei essas palavras e as mantive no alto da tela do computador, onde permanecem até hoje.

Chase também podia ver o que estava acontecendo com Sprite. Como nós, passava muito tempo ao lado dele, falando e oferecendo carinho. Eu sabia que meu filho estava muito triste, mas ele geralmente guarda suas emoções para si mesmo. Eu lhe disse que, quando quisesse conversar, Kendall e eu estaríamos ali, prontos para ouvi-lo.

Lauren permanecia na faculdade, mas deveria voltar para casa em poucas semanas. Kendall e eu decidimos não dizer nada a ela sobre as reais condições de Sprite. Não havia razão para deixá-la abatida, em especial porque não tínhamos condições de confortá-la por estar tão longe.

Até mesmo Pepsi se preocupava com seu amigão. Pepsi é um dos cães mais inteligentes que já vi. É muito perspicaz. Percebe quando alguma coisa está errada. Sabia que Sprite estava com problemas. Muito alegre e vibrante, algumas vezes Pepsi já não balançava mais a cauda e as orelhas quando se aproximava de Sprite. Quando olhava para nós, parecia perguntar: "O que há de errado com Sprite?".

Havia noites em que, sozinho e trabalhando no escritório de casa, eu mal podia suportar a dor emocional ao pensar em perder Sprite. Eu tinha uma profunda ligação com aquele cachorro. Ele fora vítima de muitas enfermidades desde que o adotamos. Mesmo assim, era um cão em paz consigo mesmo. Ele não tinha um só osso saudável no corpo. Desde o dia em que o conhecemos, na casa de seus pais adotivos, todos fomos conquistados por sua simpatia e ternura.

Sprite superou obstáculo por obstáculo. Agora estava diante de seu maior desafio, e senti que o estava decepcionando. Era responsável por ele e justamente naquele momento de maior necessidade eu não podia fazer nada. Aquilo estava me matando.

Comecei a me abrir com alguns familiares e amigos muito próximos. Um deles era Rush Limbaugh.* Nos conhecíamos havia uns catorze anos. Política à parte, Rush é uma das pessoas mais decentes e compassivas que conheço.

Em 2000, quando tive complicações derivadas de minha cirurgia cardíaca e fiquei cerca de seis meses entrando e saindo de hospitais, Rush me perguntou do que eu precisava para sarar de uma vez. Eu lhe disse que estava pensando em ir para a Clínica Cleveland. Ele quis saber por que eu já não fizera isso. Eu lhe disse que antes precisava me informar se meu convênio médico pagaria pela internação e pelos procedimentos, que poderiam ser muito caros. Rush respondeu: "Para o inferno com seu convênio! Vou pagar por isso. Simplesmente vá. Faça o que tem de fazer e depois me diga quanto foi".

---

* Rush Limbaugh é um comentarista político que tem um programa de rádio de grande audiência nos Estados Unidos. Tem cerca de vinte milhões de ouvintes. É republicano, tem posições políticas de direita e é considerado muito influente. (N. da T.)

Depois de tudo, não precisei de sua ajuda. O convênio pagou a maior parte da despesa e eu complementei o restante. Mas jamais esqueci a generosa oferta de Rush. E ele é capaz de ser generoso também com pessoas que nem conhece. Mas não gosta de falar sobre isso, e eu respeito sua vontade.

No dia 29 de setembro de 2006, ele e eu estávamos falando através do computador, pelo programa de mensagens instantâneas, como costumamos fazer em várias noites. Raramente falo com ele por telefone. Totalmente surdo, Rush fez um implante de aparelho auditivo, mas mesmo assim tem muita dificuldade de manter conversas telefônicas. Como com freqüência ambos estamos diante do computador à noite, a melhor forma de nos comunicarmos é mesmo por intermédio desse instrumento, direto na tela.

No entanto, naquela noite eu estava muito deprimido. Sentado à minha mesa, podia sentir que mergulhava em um poço escuro. Rush e eu falávamos sobre tudo, então toquei no assunto que me atormentava intimamente.

"Parece que nosso cão Sprite está morrendo", deixei escapar. "Não consigo imaginar como vou lidar com isso. Rezei para estar enganado a respeito. Posso lhe fazer uma pergunta? Quando seu gato estava morrendo, o que você fez?"

"Sinto muito por você", Rush escreveu. "Fiquei desolado quando um dos meus gatos morreu. Ela teve um colapso. E foi repentino. Eu lhe dei um fim de semana para recuperar-se e depois decidi sacrificá-la. Muito triste."

"Você a levou ao veterinário para ser cremada?", perguntei.

"Sim. E espalhei as cinzas pela propriedade."

"Faz muito tempo que estou sofrendo, mas agora não estou sendo capaz de controlar o que sinto", escrevi. "Isso vai deixá-lo pasmo. Tenho pensado algumas vezes que diabos ando fazendo com minha vida. Você também faz isso? Apenas me questiono se deveria estar fazendo alguma outra coisa. Sempre tento fazer o que me parece certo. Tento ser um bom pai, marido e amigo, mas tenho refletido muito sobre o propósito da vida."

Rush replicou: "Uma vez eu disse isso a um dos soldados que conheci no jantar do cinqüentenário da National Review. Ele perdeu um olho e um braço no Iraque. Senti-me envergonhado porque ele começou a me elogiar pelo papel que desempenho. Mas o homem nem deu importância a isso. Ao contrário, me disse: 'Todos temos nossos papéis'. Penso que você está se afogando em culpa, Mark. Lute contra isso. Nós somos o que somos. Para construir um país, todos somos necessários".

Escrevi: "As pessoas que realmente acreditam em suas religiões têm alguma satisfação por pensar que sabem como as coisas funcionam. Eu não sei".

"Penso nisso o tempo todo", Rush continuou. "Tenho uma fé impressionante. Não vou à igreja, mas converso com Deus tantas vezes a cada dia que nem posso calcular. Sei o que você quer dizer. Você deveria estudar Malcolm Muggeridge.* Ele procurou refutar o cristianismo e tornou-se um crente devoto. Não estou sugerindo que você deva se converter; apenas digo que pessoas inteligentes costumam mergulhar nessas pirações o tempo todo."

"Bem... esses cachorros são a essência do amor", respondi.

---

* Malcolm Muggeridge foi um estudioso do cristianismo, jornalista e escritor, entre outras qualificações. Morreu em 1990, quando tinha oitenta e sete anos. (N. da T.)

"Tente pensar nisso dessa maneira...", Rush ponderou. "Seu cachorro é um animal incapaz de cuidar de si mesmo porque é domesticado. Você o assumiu, deu-lhe uma vida MUITO melhor do que a que ele teria por sua própria conta. Seu cão Sprite foi amado e — justamente porque é um cão — sabe disso. E ele ama você à maneira dele. Incondicionalmente. Você fez uma grande coisa proporcionando a ele o tipo de vida que experimentou, e vice-versa. Tudo isso é positivo. Toda criatura viva morrerá um dia. Mas a qualidade de vida que você ofereceu a Sprite foi, sem dúvida, muito melhor do que a que têm certos seres humanos."

"Sim, tento olhar por outro prisma", respondi.

"Se você está certo, e ele, definhando, você vai perdê-lo", Rush continuou. "Esse é um sinal de ligação muito forte. Mas você pode ter certeza de que ele teve uma grande vida para um cão. Foi plena. E cuidar para que não sofra no final é um ato de compaixão. Emocionalmente, não é fácil, e não deveria ser mesmo, por causa do elo. Você vai perdê-lo de qualquer forma. Mas é a proximidade que proporciona alegria. É o que realmente vale a pena, no final das contas."

"Sinto muito por ser um depressivo", escrevi.

"Você não é depressivo, Mark. Isso é muito difícil mesmo. É algo que toca nossa alma. São coisas que dão real significado à vida, que é justamente o que você está questionando esta noite." E acrescentou: "Nunca deixe de pensar em todas as impressões positivas que você é capaz de gerar nos outros, para o bem. Nenhum de nós sabe que reflexos causamos nos outros, mas estes são profundos. Talvez você pense, de tempos em tempos, que seus filhos estão com problemas, mas eles não estão. Apenas vivenciam fases normais da própria vida. Sua influência como pai irá florescer neles como seres humanos muito depois que você já não estiver aqui. E eles passarão isso adiante da mesma forma. É um incrível círculo para mim. Você nunca pensou nessas coisas, mas a maneira como se sente em relação ao seu cachorro é captada por seus filhos. Isso os afeta de um modo que você não pode saber e será traduzido de forma positiva na maneira como eles tratam outras pessoas e a própria vida. São pequenas coisas que só acrescentam.

"No final das contas", escrevi, "não lido muito bem com a morte. Engraçado... não tenho medo de minha própria morte, mas me preocupo com meus entes queridos."

"Reflito acerca disso todo o tempo", Rush admitiu. "Sei que os seres humanos são incapazes de responder a determinadas questões, o que, para mim, prova a existência de Deus. Isso é natural porque você não se perde quando morre, mas perde aqueles que amou e que morreram antes de você." E continuou: "Sabe o que percebi? Ninguém que sabe estar prestes a morrer fica em pânico. Observei isso com meus próprios pais. Algo acontece. Morte súbita, desastre de avião, seja o que for, é diferente. Tenho pensado nisso ao longo de toda minha vida. Todos nós queremos saber o 'propósito' de tudo isso".

"Bem, Rush, vou subir agora para ficar um tempo com os cães e depois vou para a cama. Você é um bom amigo."

"Você também, Mark, e aproveite seu tempo com os animais. Faça isso o máximo que puder. Por você mesmo."

Esse é o Rush que conheço. O Rush *real*, o *verdadeiro*.

Sean Hannity é outro amigo querido. Também conversamos algumas vezes por dia, e até mesmo algumas noites, enquanto ele dirige de volta para casa após apresentar, pelo canal Fox News, o programa *Hannity&Colmes*.

Sean tem uma cachorra de treze anos chamada Snowball. Embora não tenha nenhuma doença grave, ele me disse que ela está definhando. Sean a comprou logo depois de se casar com Jill. É muito ligado a Snowball e tem se preocupado com a saúde dela. Quando me queixei a ele, lamentando a triste condição de Sprite, ele entendeu o que eu estava vivenciando e tratou de amenizar minha dor melhor do que ninguém, enfatizando como havíamos salvado Sprite.

"Vocês provavelmente prolongaram a vida de Sprite, dando a ele o melhor tratamento clínico que puderam", disse Sean. "Sprite sabe que é amado e que é parte essencial da família."

Sean tem um coração de ouro e é muito leal. Posso até dizer que, ao tentar diminuir minha angústia, ele também estava lidando com os próprios sentimentos a respeito de Snowball.

Quem, como nós, tem cachorros idosos, procura fazer continuamente um exercício mental para bloquear o inevitável fim de um relacionamento que faz parte de nossa gama de emoções diárias. Você trata de aproveitar a alegria e o amor no presente. Mas o processo de luto começa antecipadamente, quando nossos cães dão sinais de declínio, não importa quão nos esforcemos para lutar contra isso.

Meu velho amigo Eric veio à nossa casa para me ajudar com o computador. Não sei o que há entre mim e essas máquinas, mas não tenho muita sorte com elas. Eu acabara de comprar um equipamento novo, que simplesmente morreu na semana seguinte, após apresentar alguns problemas. Eric é uma espécie de gênio da computação e tratou de me dar uma mãozinha.

Vivemos a poucos quilômetros de distância. Ele vira Sprite muitas vezes, desde que o trouxemos para nossa casa. Pepsi ele conhecera quando filhote. Assim que chegou, Eric mostrou-se chocado com a aparência de Sprite. Eu podia sentir isso em sua voz. Ele amava meus cachorros. Mesmo assim, tentou levantar meu ânimo. Ninguém mais, além de meus familiares mais próximos, consegue perceber meu estado físico e emocional melhor do que Eric ao me fitar nos olhos. Ele sabia que eu estava mal.

Eric e eu havíamos compartilhado muitas experiências. Eu o conheço desde a quinta série. Crescemos juntos em Cheltenham Township, subúrbio da Filadélfia. Fomos a dezenas de jogos, íamos à cidade para passar horas no Independence Hall (ambos amamos história da América) e trabalhamos em campanhas políticas. Quando eu tinha dezenove anos, concorri a uma vaga na direção da escola local, com a ajuda de Eric e de meus familiares. Ele bateu na porta de milhares de casas. E eu, de fato, venci!

A mãe de Eric foi vitimada por um enfisema quando ele tinha apenas quinze anos. Fora uma fumante inveterada durante muito tempo. Deixou Eric, seu único filho, entregue à própria sorte. Ele teve de amadurecer rápido, quando ela ficou doente. Eu observava como ele tratava a mãe com tanto carinho, até mesmo lutando contra a burocracia para conseguir o equipamento médico e o tratamento de que ela precisava. Sua mãe enfrentou essa terrível doença por alguns anos. No último, ele ficava dias e dias no hospital.

Certa noite, quando fui visitá-los, ela quase morreu. Médicos e enfermeiras se aglomeravam ao redor do leito, trabalhando arduamente para reanimá-la. E conseguiram. Mas ela morreu alguns dias depois. Eric tinha apenas vinte e um anos. Lembro que uma vez a mãe dele me agradeceu por eu aceitá-lo como membro de nossa família. Mas era eu que agradecia a ele. E sei que sua mãe ficaria orgulhosa se soubesse que trabalhamos juntos no mesmo escritório.

Atualmente, Eric tem três cachorros. O mais velho, Afton, tem quinze anos e também está começando a mostrar os sinais da idade. Quando Eric olhou para Sprite, falou com ele e o abraçou, pude ver quão estava preocupado. E sabia que, da mesma forma que Sean, ele poderia estar pensando em Afton e em como lidaria com os últimos dias dele.

No entanto, eu continuava lutando contra minhas emoções. As conversas com Kendall e com meus amigos não eram suficientes. Eu não conseguia tirar da cabeça o que estava acontecendo. Para ser sincero e direto, eu não podia aceitar que Deus estivesse tratando meu Sprite daquela maneira. Sprite nunca havia ferido ninguém. Passara a vida oferecendo, a quem estava ao seu redor, amor, carinho e felicidade. Era mais amável e gentil que muitos seres humanos, apesar de tudo por que passou. E agora, vivendo conosco por tão pouco tempo e finalmente recebendo o amor, a atenção e a segurança que bem merecia, estava morrendo! Eu não podia entender como Deus podia fazer aquilo. Eu sabia o que as grandes religiões, incluindo a minha, falavam sobre a vontade de Deus, mas nada disso importava. Eu sabia que não era o primeiro a questionar isso. Até já havia perdido antes pessoas e animais que amava. Mas agora era diferente.

Quando setembro acabou e outubro começou, algo memorável aconteceu. Durante uma semana, Sprite começou a melhorar. Era um lutador e ainda queria viver.

Ficou mais seguro e ativo. Fiquei maravilhado quando, um dia, ao sair com ele para um passeio sem colocar a guia na coleira, ele teve energia para fazer uma corrida até a porta da garagem, como fazia nos bons e velhos tempos! Fiquei ali parado, por um instante, observando aquele magnífico evento, e foi tudo o que consegui fazer para evitar o choro diante de tamanha alegria.

Foi um belo dia! Era como se Sprite tivesse recuperado o vigor para estar em forma quando Lauren chegasse — justamente no momento em que ela regressava ao lar para um final de semana prolongado.

De fato, aquele final de semana foi uma bênção divina. A família estava reunida. Lauren logo voltaria para a faculdade. Por isso, passou muito tempo com Sprite — abraçando-o e falando com ele. Também tirou algumas fotos. Guardei aqueles momentos na memória como um tesouro.

Foi um final de semana muito importante para família Levin.

Lauren jamais veria Sprite de novo.

*Capítulo 9*

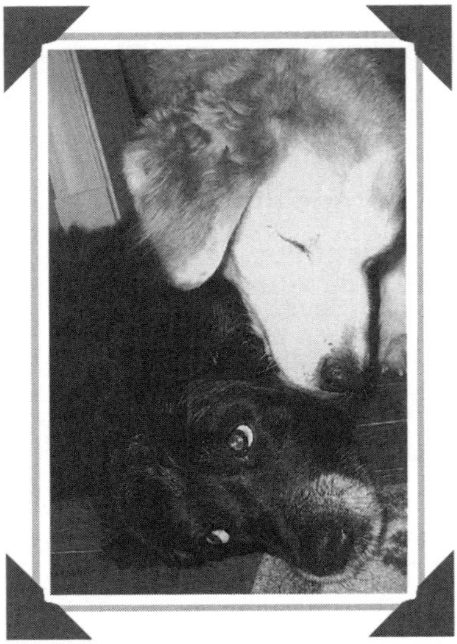

# Preces do Dia de Ação de Graças

**NOVEMBRO DE 2006**

SPRITE ESTAVA SE SENTINDO suficientemente bem para ser levado ao banho e tosa. Então, Kendall o levou com Pepsi à pet shop. Ela queria que ambos ficassem lindos para os feriados. Os atendentes já conhecem o estado de Sprite e, por essa razão, são muito gentis com ele.

Os cães sempre têm uma bela aparência quando voltam para casa, e sempre tenho a impressão de que sabem disso. Pespi gosta de correr ao redor da casa. E Sprite vai até cada um de nós, para se certificar de que podemos vê-lo. Os atendentes colocaram bandanas nos dois, e elas davam um belo toque ao visual, mas eu costumava tirá-las uma hora depois, para que eles não ficassem irritados.

Nosso terceiro Halloween com Sprite seguia bem, ao contrário do primeiro. Ambos os cães estavam zanzando alegremente pela casa, com a cauda abanando, quando latiam para aquele sem-fim de crianças que tocava a campainha em busca de guloseimas. Eu olhava para eles o tempo todo. Naqueles dias, eu aproveitava cada momento com a dupla, mas temendo que pudesse ser o nosso último instante com Sprite. Tudo o que importava era que Sprite e Pepsi estivessem felizes.

Novembro era um mês ruim para viajar, mas na última primavera eu aceitara fazer duas viagens de negócios que não podia cancelar. E, no verão anterior, havíamos feito um depósito significativo para uma rápida estada nas Bahamas, por ocasião do Dia de Ação de Graças.

Minha primeira viagem de negócios era no início de novembro, para visitar a maior radiotransmissora de meu programa, a WISN, em Milwaukee. Deixei a Virgínia na sexta feira, 3 de novembro, e retornei no sábado. Eu estava bastante atarefado em casa no restante do final de semana, e também no início da seguinte, monitorando as atividades eleitorais para preparar meu programa.

Embora seja viciado em política, pela primeira vez em trinta e cinco anos meu coração não estava voltado para esse tema. Como se tratava de uma campanha muito importante, acompanhei o melhor que pude. Claro que eu queria que meus candidatos ganhassem, mas naquele momento toda a minha paixão estava concentrada em Sprite e na família.

Comecei a me iludir acreditando que Sprite estivesse em recuperação. Ele parecia mesmo estar melhor, tanto na aparência quanto nas ações. Assim, voltamos a muitas de nossas rotinas. Pepsi e Sprite estavam novamente esperando, à porta do escritório, que eu terminasse de transmitir meu programa. Em seguida, ficávamos juntos enquanto eu jantava. Sprite conseguia até subir e descer a escada melhor. Fazíamos longos passeios de manhã e à noite. Mas, obviamente, eu estava me enganando.

Um dia, em meados de novembro, Kendall e eu percebemos que Sprite estava andando de cômodo a cômodo e depois em círculos. Ele não fazia isso o tempo todo, porém o suficiente para nos angustiar. Quando saíamos para passear, ele torcia ligeiramente a cabeça para a direita. Seus colapsos que antes eram leves e ocasionais, e limitados ao período noturno, tornaram-se mais freqüentes e demorados. Agora permanecíamos mais próximos à casa, sem arriscar levá-lo para muito longe. O doutor Chris Hussion, com quem falávamos com freqüência sobre Sprite nos últimos meses, tornou-se nosso amigo. Nós lhe perguntamos o que estava acontecendo. Ele explicou que o tumor estava se expandindo na cabeça de Sprite, de maneira que pressionava mais seus nervos, por isso ele tinha dificuldade em controlar os movimentos.

Sabíamos que aquele maldito tumor era o culpado, mas não queríamos acreditar. Meu coração estava partido. Não havia meio de reversão. Só podia piorar. Perguntei a Chris se ele achava que Sprite sentia dor. Ele respondeu que provavelmente não e comparou a situação ao que ocorria com os seres humanos que haviam perdido o controle sobre os movimentos do corpo, mas mesmo assim se viravam. Uma vez mais, tentamos diferentes remédios e combinações, porém nada funcionou.

Nossos pobres cachorros não têm como nos dizer o que há de errado com eles, como se sentem, o que gostariam que fizéssemos por eles. Mesmo que tentemos saber o que realmente está acontecendo e imaginar se estamos tomando as melhores decisões, jamais teremos certeza. Esta é a parte do peso que nós, seres humanos, temos que suportar nas relações com os animais de que cuidamos.

Agora precisava partir para a segunda viagem de negócios. Seguiria para Palm Beach, na Flórida, para participar de uma conferência em que era um dos convidados de um painel em que se discutiria o Judiciário. Pensei em cancelar o compromisso no último minuto, mas todos contavam comigo e acreditei que fazê-lo seria desonroso. Os programas já estavam impressos, e minha presença, confirmada. Era um evento de quatro dias. Aquele era o primeiro. Chamei Kendall do hotel e perguntei como Sprite estava. Ela respondeu que nada bem. Ele estava andando em círculos com muito mais freqüência. E ali estava eu, num hotel cinco-estrelas, em esplêndidas acomodações, com uma bela vista da praia, mas odiando cada segundo. Eu estava no lugar e no momento errado.

Permaneci um segundo dia na Flórida e decidi visitar meus pais, que viviam em uma cidade próxima, Boynton Beach. Ambos já estavam bem idosos e nada bem de saúde. Fazia tempo que não os via, embora falasse com meu pai por telefone, durante alguns minutos, após cada programa de rádio.

Minha mãe me fez uma surpresa preparando um delicioso jantar de Ação de Graças. Aquilo me lembrou as maravilhosas refeições que ela fazia quando eu era criança. Atualmente ela enfrenta vários problemas médicos, incluindo doença cardíaca e diabetes. Além de ter dificuldades para andar e ouvir. Mesmo assim, fez de tudo para oferecer o melhor — peru e várias outras iguarias.

Fiquei muito preocupado quando vi meu pai. Ele estava magro e frágil em decorrência de recentes procedimentos cirúrgicos. Sabia que ele passara por momentos difíceis nos últimos meses, mas realmente não tinha idéia do que isso lhe custara.

Eu precisava passar um tempo com meus pais, mesmo que fossem apenas algumas horas, e eles também queriam me ver. Somos muito próximos. Tudo o que sou e consegui foi graças ao que me ensinaram por meio de exemplos ou conversas. Eles me encorajaram em todas as minhas buscas. Sempre trabalharam duro. Sacrificaram-se por mim e pelos meus dois irmãos. Têm integridade e caráter. Devotados um ao outro e a seus entes mais queridos. São responsáveis por inspirar em mim o amor a Deus, ao país e à família.

Embora eu tenha decidido não falar com eles a respeito das condições de Sprite, estar ali em sua companhia me ajudou incomensuravelmente enquanto me preparava para retornar à casa, naquela noite.

Eu chegaria sábado à noite e Kendall iria, na manhã de domingo, para a Universidade do Alabama. Ia buscar Lauren, seguindo com ela em direção às Bahamas, onde Chase e eu as encontraríamos depois. Aquele seria um Dia de Ação de Graças especial, mas nem ela nem eu queríamos, de fato, fazer aquela viagem. Estávamos nos sentindo muito mal, mas não queríamos desapontar as crianças.

Além disso, eu investira muito de nossa poupança na compra das passagens aéreas e na hospedagem no *resort* Atlantis. Não havia jeito de desistir, agora.

A decisão foi ainda mais difícil porque no sábado à noite pude ver que Sprite piorara bastante em poucos dias. Ele ficava zanzando pelo quarto por muito mais tempo. Sentei com ele no chão e o abracei, mantendo-o aninhado em meu colo, para acalmá-lo. Ele estava muito magro. Perdera musculatura. Podia sentir sua caixa torácica e as escápulas. Falei com ele suavemente, repetindo várias vezes seguidas que estava ao seu lado, que tudo estava bem e que ele precisava relaxar. Lembro que por um momento me passou pela cabeça que aquilo poderia ser passageiro, uma fase ruim que seria ultrapassada. Mas não era. Pouco depois, ele lutou para livrar-se de mim e começou a zanzar novamente. Chris estava certo. Ele andava em círculos e pelo quarto à exaustão. Não porque quisesse, mas porque não conseguia parar.

Levei-o para a cama comigo, o que pareceu lhe dar certo e temporário alívio. Ele esfregou a cabeça em minha perna e caiu no sono. Permaneci ali, imóvel, com medo de acordá-lo. Não podia tirar meus olhos dele. Observava cada parte de seu corpo — da branca e curta cauda, passando pelas patas, pele alva e macia pelagem do peito, pelo dourado das costas, até seus olhos fechados. Acariciei sua musculatura, suas orelhas macias e seu focinho, o qual o tumor havia deformado. Faria isso muitas outras vezes nos dias seguintes.

Percebo agora que usava todos os meus sentidos para selar a vida dele à minha.

Notei também que Pepsi estava emocionalmente afetado pela degradada saúde de Sprite. Naquele momento,

Pepsi parecia amedrontado e meio letárgico. Não entendia o que estava acontecendo com seu amigão, certo de que ele não estava agindo como sempre. Então, Pepsi estava precisando de atenção extra, igualmente. Falei com ele: "Sprite não está se sentindo bem e não sei quanto tempo ainda o teremos por perto". Posso dizer que, pela maneira como olhou para mim, Pepsi sabia.

No dia seguinte, decidi que faria tudo o que pudesse para assegurar que nos três dias em que estivéssemos fora Sprite e Pepsi teriam o melhor cuidado possível. E muita atenção das pessoas que os amavam.

Perguntei a Chris se ele poderia dar uma olhada neles, para ter certeza de que Sprite estava confortável. Ele aceitou, sem hesitar. É um veterinário e um ser humano excepcional. Único. Realmente se importa com os animais sob seus cuidados, e também com seus donos, como, aliás, todos os seus pares. Ele ainda tinha uma ligação particular com Sprite e Pepsi.

Perguntamos aos nossos amigos, os Mendonça, se poderiam alimentar nossos cães e passear com eles enquanto estivéssemos viajando. Eu os avisei que dessa vez seria diferente — Sprite não estava nada bem, e isso poderia significar muito mais trabalho. Ambos teriam de sair quatro vezes ao dia. Além disso, Sprite começava a sofrer alguns acidentes em casa. Mesmo assim, eles estavam mais que satisfeitos por ajudar.

Meu amigo Eric se ofereceu para vir à nossa casa durante o fim de semana, para brincar com os cachorros, tão logo soube que estávamos deixando a cidade. E o namorado de Lauren, Dan, dedicaria um tempo a eles também.

Preparei uma longa lista para assegurar que cada um deles recebesse a alimentação adequada (Sprite, agora, só estava comendo coisas muito leves) e os remédios necessários. Da mesma forma, dei instruções sobre as luzes que deveriam ser mantidas acesas, para que ele pudesse enxergar para onde estava indo. Deixei os números de telefone nos quais podíamos ser contatados.

Sabia que Sprite e Pepsi estariam nas melhores mãos. E estava profundamente agradecido a esses amigos maravilhosos. Mesmo assim, porém, intimamente não me sentia bem. Estava tomado pela ansiedade, porque me afastava de Sprite naquelas circunstâncias.

Em minha transmissão do programa de rádio, no dia 21 de novembro, véspera de viajar com Chase para encontrar Kendall e Lauren, inesperadamente comecei a compartilhar com os ouvintes alguns pensamentos sobre Sprite, Pepsi e o Dia de Ação de Graças. Seria meu último contato com eles pelos próximos dias.

Sou muito aberto e honesto com minha audiência. Os cachorros estavam no escritório enquanto eu estava no ar. Olhando para eles, as palavras e emoções começaram a fluir e, vez por outra, minha voz falhava:

> *Quero falar a respeito do Dia de Ação de Graças, por um minuto. Haverá mais notícias — sobre o Líbano e vários outros temas. Mas é realmente importante considerar as pessoas à sua volta, tudo o que você tem e a grande nação que somos. Sei que faço isso.*
>
> *O tempo de Ação de Graças é muito especial. E eu disse, ao começar o programa, que meus cachorros estão comigo aqui no estúdio esta noite. Um se chama Pepsi e o outro, Sprite. Pepsi é o escuro e Sprite, o claro.*
>
> *Pois bem... adotamos Sprite há cerca de dois anos, de uma sociedade protetora. Belo cão. Ambos são ma-*

*chos. Pepsi temos desde que era um filhotinho. Tem agora mais ou menos oito anos. Sprite — não sabemos com absoluta certeza sua idade — é velho.*

*Quando o adotamos, fomos informados de que teria aproximadamente seis. O veterinário que consultamos, porém, avaliou que devia ter uns doze ou treze. Talvez meu convidado tenha até mais — e está decaindo muito depressa.*

*É um cão maravilhoso. Vocês que também têm cachorros sabem exatamente do que estou falando. E ele tem uma personalidade impressionante. Mais doce, impossível!*

*Há cerca de uns oito ou nove meses, ao ser examinado, ficou constatado que Sprite tem um tumor na cabeça. Não é maligno nem lhe causa dor, mas provoca certas disfunções. Eu daria qualquer coisa para que ele pudesse viver mais uns dois ou três meses. Qualquer coisa! Mas isso não vai acontecer.*

*Então, enquanto estou aqui sentado olhando para ele, dou graças pelo fato desse cachorro ter entrado em nossa vida. As pessoas têm vivido muitos dramas, eu sei. Greg (Garvey), John (Wrobleski) e outros perderam seus filhos e filhas nesta guerra. Outros têm sido devastados pelo câncer. Até mesmo crianças. Muito pequenas. Meu grande amigo Mark Rypien perdeu o filho, vítima de câncer no cérebro. Sei que tudo isso é horrível.*

*Mas, seja como for, dou graças ao bom Deus por ter tido um breve período de tempo com este cachorro.*

*O que você está fazendo, Sprite? Venha cá! Você misturou meus scripts para a segunda hora do programa, garoto. Não tem problema!*

*De qualquer forma, não sei por que decidi compartilhar isso com vocês. Compartilho tudo com vocês, meus ouvintes. E aprecio sua lealdade. E sei que muitos de vocês estão sofrendo. É demais enfrentar a perda de um ente querido ou observar que alguém que amamos sofre de alguma doença, ou mesmo alguns de vocês...*

*Há quem esteja sofrendo por causa de um crime cometido contra si ou contra um membro de sua família. Ou, ainda, pelo fato de seus entes queridos serem militares e estarem expostos a ferimentos ou à morte. Sei disse. Eu sei!*

*E também há quem esteja sofrendo pela perda de um animal de estimação.*

*Sempre penso sobre a vida e a morte. Não de um jeito mórbido. Mas apenas refletindo a respeito. Você olha para o céu escuro e para as nuvens. Em uma noite clara, vê as estrelas e pensa...*

*O Dia de Ação de Graças é muito, muito importante. Com certeza, importante demais no lar dos Levin.*

Eu não estava em meu momento mais articulado, mas dizia o que estava sentindo. E isso era fundamental, ao menos para mim.

E para muitos ouvintes, como pude observar depois da transmissão.

Tanto em minha página na internet dedicada à audiência (www.marklevinfan.com) quanto em outra mais geral, para repercussões (www.freerepublic.com), algumas pessoas postaram comentários após ouvirem meu programa. Pude então perceber quanta gente já havia passado por esse tipo de sofrimento. E, tenho que admitir, ajuda muito pensar que você não está só nesse impasse. Certas mensagens eram particularmente comoventes.

**Mark Dean:**

Perdi avós, tios e tias. Amigos. E meu pai. A morte de alguém querido é um peso imenso, não importa como, quando ou por quê. Nada é capaz de amenizar a dor e a falta que sentimos quando eles nos deixam. Também perdi dois cachorros. Um deles foi meu companheiro de infância, atravessando comigo a passagem para a adolescência, e o outro, um pequeno mestiço, que minha esposa e eu resgatamos, morreu há uns seis anos. Temos agora um de dez anos de idade. Não vou tentar comparar a perda de um ser humano à de um animal de estimação, exceto para dizer o seguinte: lidei melhor com a falta de um ser humano do que com a dos cães. De alguma maneira, você permanece íntegro no primeiro caso, porque sabe que é inevitável, mesmo que aconteça de súbito ou prematuramente. O sofrimento triplica quando se perde um animal, porque a ausência permanece escamoteada sob o radar emocional e age como uma espécie de bomba inteligente que fere seu coração continuamente, de uma forma que você imagina jamais será superada. Talvez sejam a pureza e a seriedade incondicional de seu amor, a lealdade e a devoção que nos toquem no mais profundo cerne de nossa humanidade. Tudo o que sei, porém, é que, quando nossos animais de estimação morreram, chorei como uma criança, e ainda agora, ao lembrar aqueles momentos, as lágrimas voltam a correr.

Minha história favorita e talvez mais reconfortante sobre esse tema é uma que ouvi em algum programa de TV a respeito de cachorros que relembrava uma velha lenda ameríndia. Algo mais ou menos assim: "Em tempos ancestrais, quando os homens e os animais se comunicavam como iguais, aconteceu uma erupção vulcânica que abriu uma fenda na Terra. Os homens ficaram de um lado, e os animais, de outro. O abismo foi aumentando até que ficasse muito largo para ser transposto. Apenas o cão saltou sobre o abismo, só para que pudesse estar ao lado do homem".

Deus abençoe Sprite, Mark. Ele estará lá esperando por você com seus imensos beijos molhados, da mesma forma que seus melhores amigos, quando finalmente chegarmos ao Paraíso.

**Pete, de Long Island:**

Nem posso dizer quão estou triste ao ouvir sobre seu querido mascote, Sprite. Sendo dono de muitos cachorros ao longo de minha existência, sei exatamente o que você está passando. Eles entram na nossa vida e trazem imensa felicidade. Quando temos um dia ruim no trabalho, assim que chegamos na porta da frente de nossos lares, eles estão ali para nos saudar, com a cauda balançando e o traseiro rebolando. Tudo que era ruim, nesse momento, parece não significar nada. E o que eles querem em troca a tanto que nos dão? Amor, amor incondicional. Um cafuné na cabeça, uma coçada na barriguinha, uma bola lançada no ar ou uma beiradinha no sofá. Nada demais que um amigo leal não possa pedir. Um fiel membro da família.

Realmente dói demais acompanhar os últimos dias de um amigo querido, mas com certeza ele sabe que é muito amado. Gostaríamos que eles pudessem falar para nos dizer o que está doendo. Mas de alguma maneira eles sinalizam isso. Você pode ver nos olhos deles.

Se o bom Deus não levar seu cão e os veterinários disserem que você pode mantê-lo vivo porque ele não está sentindo dor, é isso que deve fazer. Porque quando chegar a hora ele deixará isso muito claro. Vi isso acontecer muitas vezes. Eles sabem quando é a hora certa de morrer.

Deus abençoe você, Mark, e sua família. Você estará em meus pensamentos e orações durante este momento difícil. Aproveite esse feriado prolongado o máximo que puder e sempre lembre que tornou um mascote muito feliz durante o período em que ele esteve com você.

**Havok:**

Sinto muito por essa perda. Também perdi meu amigo Storm (um dobermann de dez anos), que era como se fosse minha sombra, me seguindo por onde quer que eu andasse.

Olhamos para trás observando a alegria que ele nos trouxe... mas também precisamos fazer a mesma coisa, e nos sentirmos muito bem, em relação à alegria que demos a eles. Ser um dono responsável e amoroso de um animal de estimação é uma grande coisa, e isso faz com que nossos bichos vivam repletos de amor.

---

**Saxmachine:**

Há sete anos, meu mestiço de labrador com pastor, Hooter, morreu em meus braços a caminho do veterinário. Para muitos de nós, os animais de estimação fazem parte da família. Eles nos amam incondicionalmente e sabem quando estamos feridos, fazendo tudo para amenizar essa dor. Quando Suzi mudou-se para minha casa com seu gato, Otto, ele e Hooter se afinaram muito bem desde o primeiro contato. Provavelmente Otto nunca vira um cão antes, então nem sabia que devia ter medo. Hooter, por sua vez, já convivera outrora com gatos, então os considerava companheiros de brincadeiras. E assim foi durante seis meses. Penso que ambos se beneficiaram dessa relação. Nossas orações estão com você e sua família, como sempre.

---

**Tiredoflaundry:**

Perdi minha Porkie o ano passado. Tinha doze anos e era uma amiga especial. Como não estava nada bem, orei para São Francisco levá-la enquanto estivesse dormindo. Sou muito afortunada por essa graça. Sinto imensa falta dela.

---

**Task:**

Há cerca de cinco anos, um veterinário conduziu o processo de eutanásia de nosso triste e nervoso Dachshund, porque ele estava com graves problemas na coluna, de modo que isso causou séria disfunção em suas patas traseiras. Um exame aprofundado revelou que, embora ele tivesse problemas de mobilidade, ainda mantinha bons reflexos superficiais, e o prognóstico era relativamente bom, desde que tivesse os cuidados necessários. Foi exatamente nesse momento que tomei a decisão de assumir a responsabilidade pelo futuro desse pequeno cachorro. Foi uma decisão que tomei de maneira muito confortável. Elmo viveu mais cinco anos, e foi com imensa dificuldade que resolvi sacrificá-lo, depois que foi constatado que ele tinha um tumor no cérebro. O estado dele foi piorando tanto que seu desconforto não podia ser compensado nem mesmo com o mais sofisticado tratamento médico, amor e atenção que minha mulher e eu pudéssemos oferecer.

Não posso explicar por que aquele cachorro, entre todos os que tivera e os que vi nos trinta e cinco anos em que pratiquei medicina veterinária, foi o mais querido e amado. Ele era realmente único, diferente de todos os demais. Jamais poderá ser substituído.

Sempre tento ser o melhor amigo possível, mas, mesmo assim, mal posso ser comparado ao que observo na contrapartida canina, e Elmo foi o máximo nesse sentido.

Talvez algum dia a alma destes que significaram tanto para nós será unida. Isso basta para dizer que eu gostaria de estar em qualquer lugar com eles, em vez de no céu sem eles.

---

Houve muito mais mensagens com histórias tocantes e bons augúrios enviadas por meus ouvintes. Eu os considero parte da minha família estendida. Da mesma forma que tenho necessidade de compartilhar minha vida, eles também desejam fazer o mesmo comigo. Não é, como dizem os antigos, aquele ato de misericórdia, mas, na verdade, aqueles que estão sofrendo realmente precisam de companhia. Querem sentir que não estão sozinhos e que, como outros que passaram por algo semelhante, administraram aquele momento para sobreviver a ele, não obstante seus corações partidos.

## Capítulo 10

# Uma busca desesperada

**DEZEMBRO DE 2006**

KENDALL E EU TRATAMOS de aproveitar ao máximo nossas "férias", mas estávamos muito mal. Apesar de todo planejamento e cuidado com as reservas, o hotel equivocou-se no agendamento. E, embora estivéssemos contando com o lugar para todo o feriado de Ação de Graças, tivemos que nos mudar duas vezes. O tempo também não cooperou. Estava ventando muito, e não tivemos um só dia de praia decente. Tentávamos parecer felizes para as crianças, mas ambos estávamos emocionalmente esgotados. Estávamos gastando um tempo precioso nas Bahamas em vez de ficar em casa com os cães. Mesmo assim, tentamos superar essa situação negativa.

No dia seguinte ao de Ação de Graças, Lauren e eu fomos de táxi até Nassau. A motorista devia ser a criatura mais divertida da ilha, uma verdadeira fonte dos últimos boatos e fofocas locais. Ela não poderia ter ficado mais surpresa do que se mostrou quando lhe dei uma gorjeta de vinte dólares. Mas ela mereceu!

Fomos a algumas lojas e compramos algumas coisas, incluindo um solitário brilhante e multicolorido, que eu daria a Lauren no Natal. Em seguida, fomos até o Hard Rock Café para almoçar. O restaurante ficava numa rua lateral. Subimos ao segundo andar e escolhemos uma mesa na varanda. Dali podíamos ver o oceano, mas também as ruas abaixo e as pessoas indo e vindo. Lauren e eu falamos a respeito desse lindo entorno e de sua volta ao lar, em poucas semanas. Parecia surrealista estar ali naquele cenário, quando eu sabia muito bem que tinha mesmo é que estar em casa.

Kendall e eu decidimos que não falaríamos com Laurem sobre a gravidade das condições de Sprite. Não queríamos que ela ficasse deprimida durante o período em que ainda estivesse em aulas. Mas eu também não desejava que Lauren ficasse totalmente às escuras. Então lhe disse que a saúde de Sprite estava piorando, de forma que estávamos fazendo todo o possível para ajudá-lo. Cheguei a comentar que não pensava que ele estivesse às portas da morte. Quando disse isso, eu estava tentando me convencer, porque era exatamente nisso que eu queria acreditar.

Quando voltamos para o hotel, liguei para Chris para saber como Sprite estava. Ele me disse que o tinha visto duas vezes e que ele estava se saindo bem. Conseguia se alimentar e estava alerta. Continuava vagando pelos cômodos, mas não exageradamente.

Sábado, finalmente chegou o dia de irmos embora. Lauren e Kendall tinham de pegar um vôo bem cedo de volta ao Alabama. Chase e eu fomos para o aeroporto quatro horas antes da saída do nosso avião, ainda que talvez houvesse alguma alteração de horário. Se você acha que os aeroportos dos Estados Unidos são um modelo de ineficiência, é porque nunca tentou sair das Bahamas. Tive até o cuidado de fazer um relatório detalhado do que estava levando na bagagem. Os funcionários do aeroporto ficaram maravilhados com minha disposição de ser totalmente preciso, até mesmo porque havia uma sobretaxa para valores que excediam a isenção. As filas de espera eram intermináveis. Eu estava muitíssimo ansioso para ir para casa ao encontro dos cachorros. Todos estávamos.

Quando Chase e eu regressamos naquele sábado, queria acreditar que quando entrássemos na casa veríamos um saudável Sprite correndo com Pepsi para nos saudar, como fizera tantas vezes no passado. Mais uma vez eu estava me iludindo. Os cachorros estavam felizes em nos ver, mas as condições de Sprite não haviam se modificado. Quando Kendall falou com Renata Mendonça, esta sugeriu com delicadeza que Sprite não resistiria por muito tempo. Contou também que teve de chamar Chris quando estávamos fora, porque Sprite não estava comendo nem conseguia descer os três degraus em direção à garagem para os passeios. Os Mendonça amavam Sprite e Pepsi. Para eles, também era muito difícil enfrentar aquela situação.

Durante os últimos dias de novembro e no início de dezembro, trabalhei a maior parte do tempo em casa. Queria estar perto dos cachorros. Sabia que aqueles eram os últimos dias de Sprite. Já era tempo de tomarmos algumas decisões que evitávamos por semanas. Como poderíamos dar um fim à vida de Sprite? O que faríamos com seu corpo? Finalmente, abri a gaveta da mesa e peguei aquele livreto que trouxera do veterinário. Com extrema compaixão, o texto analisava várias opções para sacrificar animais, mas eu ainda não tinha forças para lidar com aquilo. Simplesmente não podia olhar para Sprite e pensar em destruí-lo.

Decidi ligar para meu irmão Rob. Muitos anos antes, ele teve que decidir quando e como dar um fim à vida de Tiger — um mestiço de labrador preto e terrier que tinha sido dele por aproximadamente quinze anos. Toda vez que eu os via, Tiger estava ao lado de Rob. Então contei ao meu irmão sobre as condições de Sprite e perguntei como ele decidira sacrificar Tiger e o que fizera com o corpo.

Rob me disse: "A morte dele foi muito rápida. O processo demorou cerca de um mês. Ele estava com insuficiência cardíaca e com fluidos acumulados no peito. O veterinário fez uma drenagem, mas recomendou que fosse sacrificado". Rob, entretanto, achava que o cachorro estava bem física e mentalmente.

Meu irmão teve que se ausentar de casa por alguns dias e, quando voltou, percebeu que a qualidade de vida de Tiger estava muito precária. "Ele parou de comer e beber", contou. "Percebi que era aquele o momento. Liguei para o veterinário e o levei ao seu consultório. Fiquei com ele no colo até que uma das salas de atendimento estivesse disponível. Foi extremamente difícil, mas não tenho remorso. Eu teria sido muito cruel se o mantivesse vivo por mais tempo."

"Você sabe, Mark", ele acrescentou, "não há um só dia em que eu não pense em Tiger."

Rob cremou Tiger e manteve suas cinzas em uma caixa de madeira. Também guardou como lembrança um pouco dos pêlos do cachorro.

Falei ainda com meus pais. Sua Lady, uma pequena chihuahua preta, marrom e branca, viveu cerca de quinze anos. Era a terceira das mascotes, da mesma raça. Eles me disseram que Lady teve artrite, problemas cardíacos e ficou cega por muitos meses. E tinha problema nos rins. Minha mãe lhe ministrou medicamentos intravenosos todos os dias ao longo de um ano, o que prolongou a vida dela. Mas ela estava ficando cada vez mais doente. Então meus pais agendaram o sacrifício. Naquele dia, Lady levantou para ir ao banheiro e caiu. Minha mãe a segurou e Lady morreu em seus braços. Foi cremada, e suas cinzas foram igualmente guardadas numa caixa, na estante.

As conversas com meus familiares — que tiveram que lidar com a mesma angústia que me assolava — me mantiveram equilibrado por alguns dias. Mas isso não durou.

Kendall e eu chegamos a pensar em fazer uma cerimônia de cremação do corpo de Sprite, mas havia restrições na comunidade acerca de fazer algo assim nas propriedades. Também tentei pensar em uma maneira de garantir que sua vida continuasse, ainda que seu corpo já não estivesse mais conosco.

Falei com um jardineiro que estava construindo um pátio algumas casas abaixo, perguntando se poderia nos trazer uma muda na próxima semana, ou um pouco depois, se necessitássemos. Ele disse que sim. Eu não estava totalmente certo do que queria fazer, mas pensei na possibilidade de espalhar as cinzas de Sprite ao redor de uma árvore jovem, em uma área privilegiada de nosso quintal.

Fui até a clínica de Chris para ver o tipo de caixa em que os restos mortais de Sprite poderiam ser colocados, assim que os recebêssemos. Quando ele me mostrou, fiz tudo o que pude para conter minhas emoções. Não queria ficar constrangido diante de seus colaboradores. E murmurei: "Parece tão pequena...". Ele respondeu: "Mark, a maior parte do nosso corpo é feita de água". Pensei: então é isso que acontece. O que sobra. Cinzas em uma caixinha.

Perguntei a Chris se o corpo de Sprite seria tratado com respeito. Ele prometeu que sim. Disse que a empresa de cremação que prestava serviços à clínica, com sede na Pensilvânia, tinha alta reputação. Antes de contratá-la, ele checou muito bem como trabalhava. Também quis assegurar que o corpo de Sprite seria cremado isoladamente. Ele garantiu que sim. Além disso, eu não queria saber mais nada sobre o processo de cremação.

A preparação da morte de Sprite estava me consumindo. Eu nem sequer conseguia dormir. Estava exausto, com muita dificuldade para me concentrar no trabalho. Podia sentir como minha saúde estava se deteriorando. Freqüentemente, sentia o peito pesado e tinha ataques de angina.

Literalmente, meu coração estava se partindo.

Era o primeiro sábado de dezembro. Kendall e eu sabíamos que seria nosso último com Sprite. Fui ao supermercado para comprar um bocado de guloseimas que queria oferecer aos cachorros — as mesmas que havia na primeira refeição que fizeram juntos, quando adotamos Sprite. Não as encontrei. Procurei desesperadamente entre fileiras de rações. Não estavam ali. Movi caixas e sacos que estavam nas prateleiras à procura de alguma delas que talvez estivesse esquecida por ali — uma só que fosse... Nada. Já não constavam mais da lista habitual de entregas do fornecedor. Havia muitos outros tipos, mas minha intenção era fazer uma surpresa a Pepsi e Sprite.

Eu estava muito deprimido, cada vez pior. Pensei que pudesse melhorar um pouco se tirasse Sprite de minha mente, nem que por pouco tempo, se fosse até um shopping local, onde pudesse observar um bocado de gente circulando, feliz. Fui até lá. Parei em algumas lojas, incluindo em uma de mágicas e de inúmeros artefatos. Mas realmente não olhava nada. Apenas ficava ali, parado. O gerente, um rapaz bastante incomum, se aproximou e me disse: "O senhor não parece muito feliz. Talvez deva tomar um drinque para melhorar o ânimo".

"Eu não bebo, mas, de qualquer forma, agradeço", respondi.

Continuei a andar por ali à procura de coisas que talvez pudessem fazer Sprite se sentir mais confortável. Entrei em uma loja que vende colchões produzidos com um sistema de fluxo de ar. Havia, em oferta, um incrível microcobertor muito macio. Era um complemento perfeito para o ninho feito de minhas camisetas, onde Sprite costumava dormir. O vendedor perguntou: "Quem é o felizardo que vai ganhar isso?".

"Vou levar para o meu cão, Sprite", eu disse.

"Cachorro de sorte", ele replicou.

"Não tão sortudo, na verdade", murmumei.

Após vagar meia hora pelo shopping, eu estava pronto para voltar para casa. Aquilo realmente não ajudara nada. No caminho, passei diante de uma loja de roupas, a Jos. A. Bank. Eu já havia comprado algumas coisas lá antes. O gerente, Bob, era muito extrovertido e prestativo. Sempre tinha alguma coisa interessante para me oferecer — e por certo também para outros clientes. Dessa vez notei que tinha um alfinete na lapela e perguntei o que significava. "Sou um membro das famílias 9/11. Meu irmão morreu no Pentágono", ele explicou.

Bob me contou que seu irmão era um civil no Pentágono. Morreu quando os terroristas arremessaram o avião do vôo 77, da American Airlines, contra o edifício. Minha amiga Barbara Olson também estava entre os passageiros, no dia 11 de setembro. O comandante era Charles F. "Chic" Burlingame, um homem corajoso morto pelos terroristas no momento em que assumiram o controle do jato. Debra Burlingame, irmã do piloto, tornou-se grande amiga minha.

Eu disse a Bob que sentia muito. Ele agradeceu. Continuei vagando por ali enquanto continuávamos a conversar, mas sobre coisas amenas e divertidas. Não lembro suas palavras exatas, porém ele fez uma piada sobre casamento. Percebi que usava uma aliança, então perguntei havia quanto tempo era casado. Ele disse: "por alguns anos, mas perdi minha esposa, vítima de câncer".

Olhei para ele e pensei: aqui está um homem que tem muitas razões para estar triste, para naufragar emocionalmente, para se desinteressar pela vida; no entanto, aí está ele, gentil e solícito com qualquer estranho que entre na loja. Ele continua a vender roupas, a conversar amenidades e a sorrir.

Por certo, Bob sofreu demais com a morte do irmão e da esposa, mas de alguma forma foi capaz de seguir adiante. Como muitas outras pessoas nesse mundo, superou as tragédias e a dor. Pensei muito nele nas próximas semanas. E ainda penso. Para mim, Bob é o exemplo do instinto básico de sobrevivência do ser humano.

No dia seguinte, domingo, tratei de me manter ocupado. Estantes que eu comprara na Lowe por fim haviam sido entregues. Aquele não era propriamente o projeto caseiro mais difícil que eu já enfrentara na vida. Havia mais de um ano, eu pagara ao meu amigo Rich pela estrutura em que essas prateleiras deveriam ser encaixadas. Lembro muito bem daquele dia, porque Sprite e Pepsi ficaram correndo ao redor da casa, latindo para ele.

Todavia, naquele domingo eu nem sabia o que fazer comigo. Estava ansioso e angustiado. À noite, como fazia de vez em quando aos domingos, fui à churrascaria Outback. Estava completamente sem fome, então deixei a maior parte de meu pedido no prato. Tentei conversar com polidez com as pessoas ao meu redor, mas não consegui. Pedi algo do cardápio para levar a Kendall e Chase e regressei.

Sabia que era o último domingo de Sprite. Nunca mais haveria finais de semana juntos.

Nunca mais ficaríamos vendo futebol na sala de tevê, onde Pepsi também nos fazia companhia.

Nunca mais haveria longos passeios, matinais e vespertinos, aos domingos.

Quando o sol se pôs, o cenário estava lindo — simbolizava a vida de Sprite.

Chegara o momento de me preparar para uma semana que seria de pura agonia.

Desse ponto em diante, permaneci em casa com Sprite e Pepsi.

Na segunda-feira, tratei de mascarar minha dor e fazer da melhor forma que pude meu programa de rádio. Não sei se fui muito convincente. Eu também havia contraído um tipo de vírus que provocava tosse e falta de ar. Parecia muito mal.

Decidi que minha última transmissão seria na quarta-feira, dia 6 de dezembro. Perguntei a Phil Boyce — vice-presidente da programação de notícias da ABC, meu grande amigo e responsável por me oferecer minha primeira chance no rádio — se poderia ter uns dias de folga no final da semana. Ele aceitou prontamente. Os Boyce, Hannity e Levin haviam passado algumas férias juntos na Disney World. Phil sabia muito bem de minha forte ligação com meus cachorros e também que eu estava prestes a perder um deles.

Meu irmão mais velho, Doug, me chamou ao telefone. Ele vive longe da Filadélfia. Ofereceu-se para dirigir cerca de 279 quilômetros, para me ajudar no que quer que fosse. Agradeci, mas não havia nada que ele ou alguém mais pudesse fazer. Doug se preocupava com minha saúde.

Sempre admirei sua força e serenidade. Quando ele tinha treze anos, teve que fazer uma cirurgia de grande porte nas costas e no pescoço, para corrigir uma severa escoliose. Por quatro meses enfrentou o martírio de permanecer com o corpo inteiro engessado. Depois disso, teve que usar um colete de aço que ia das orelhas até o final das cadeiras, durante vinte e três horas por dia, nos cinco anos seguintes. E nunca se queixou.

Desliguei o telefone, desejando ter uma ínfima parcela de sua força.

Na manhã da quarta-feira, dia 6 de dezembro, enquanto estava no escritório do porão preparando meu programa de rádio, decidi subir para ver como estavam os cachorros. Naquele dia, nossos faxineiros estavam em casa. Quando cheguei ao último degrau, havia um silêncio estranho. Não via ou ouvia os cães. Dei uma olhada pela janela próxima à porta principal. Para minha surpresa, Pepsi estava sentado lá fora, nos degraus da frente. Imediatamente pensei: meus Deus, Sprite deve ter saído junto! Como a porta estava trancada, corri até a da garagem. Estava aberta. Certamente Sprite havia escapado!

Morri de medo. Gritei para a faxineira: "Onde está Sprite?". Ela fala espanhol e não entende bem inglês. Sem querer, eu a assustei, o que lamento. Saí correndo e comecei a procurá-lo freneticamente. Não sabia onde olhar primeiro. Seria melhor começar pela margem do rio? Ou pelo bosque? Quem sabe descer até a rua? Kendall estava a quilômetros de distância, visitando uma amiga. Liguei para o celular dela e pedi que viesse rápido para casa. Ela entrou em pânico.

Corri até o rio atrás da casa. Repetia, sem parar, o nome de Sprite — chamando por ele. Sprite estava quase completamente surdo, mas o que mais eu poderia fazer? A área a percorrer era muito grande. Não poderia cobrir tudo. Gritei: "Por favor, não esteja no rio". Sprite estava tão fraco que, se tivesse ido por ali, não haveria maneira de sobreviver caso caísse na água.

Pouco depois, decidi seguir pelo bosque, que está situado em uma colina abrupta ao lado de minha casa. Pensei que pudesse estar ali, justamente porque era próximo. Corri pela mata, esbarrando em raízes e cipós. O solo estava forrado de folhas que caíam do arvoredo. Tive dificuldade de me manter a salvo de um tombo, ladeira abaixo. Dez minutos haviam passado, mas pareciam horas. Eu estava fora de forma. Meu coração disparava. Tinha imensa dificuldade em respirar. E ainda não conseguia encontrar um sinal sequer de Sprite.

Ia ficando ainda mais desesperado. Sabia que cada segundo faria diferença. O que eu deveria fazer? Não podia acreditar que a vida de Sprite acabaria daquela maneira. Ele mal conseguia se manter de pé, e ali estaria, sozinho, sem condições de se defender de raposas, guaxinins e outros predadores e carnívoros que andavam pela vizinhança. E, se eu não conseguisse encontrá-lo antes do cair da noite, ele por certo congelaria — se ainda não estivesse morto.

Voltei à entrada de carros de minha casa. Manuel, o faxineiro, apareceu. Estava irritado porque sua ajudante ficara apavorada. Garanti que minha reação não fora intencional. Gritei com ela porque estava assustado com o desaparecimento de Sprite. Ele entendeu. E começou a me ajudar a procurá-lo.

Voltei ao bosque. Ao longo do caminho, do outro lado da colina, havia três homens construindo a parede de pedras de uma casa. Perguntei a eles: "Vocês viram meu cachorro? Ele é branco e dourado! Não consigo achá-lo!".

Eles também falavam espanhol, mas o inglês era suficientemente bom para que eu entendesse a resposta: "Não, senhor... Espere! Eu o vi, sim. Está na cachoeira!". Aparentemente, Sprite havia passado por ali e seguido em direção àquela área do bosque. Eu não podia imaginar em que condições poderia estar.

Um dos homens foi naquela direção para resgatá-lo. Ao mesmo tempo, Manuel e eu descemos a colina até a base onde ele poderia ser localizado. Eles eram muito mais ligeiros que eu, que ainda estava sem fôlego. Enquanto eu tentava chegar lá, os homens desapareceram de meu campo de visão. De repente, Manuel apareceu, lá longe. Estava segurando Sprite nos braços e caminhava de volta. Gritei: "Ele está bem?".

"Penso que sim", ele respondeu.

Enquanto Manuel o carregava para dentro de casa, eu tratava de descer a colina. Quando cheguei, abraçamo-nos. "Nunca poderei agradecer o bastante", eu disse. "Estou profundamente grato. Deus o abençoe!" Ele ostentava um grande sorriso na face. Kendall chegou e ambos entramos em casa. Incrivelmente, Sprite não havia sido ferido. Estava apenas coberto de barro. Era um verdadeiro milagre.

Perguntei a Manuel: "Você acha que chegou a hora?". Ele respondeu: "Sim, senhor Levin. Sei como isso é difícil. Também tive de fazer isso". Eu sabia que ele estava certo. E soube depois, por Kendall, que Manuel é ministro e tem sua própria congregação.

Aquela noite, Sprite ficou andando em círculos por horas, parando apenas quando despencou de exaustão. Kendall e eu decidimos que quinta-feira seria o dia.

Sprite escapara de uma morte terrível, apenas para morrer no dia seguinte.

## Capítulo 11

# Adeus, meu querido Sprite

### 7 DE DEZEMBRO DE 2006

O DIA 6 DE DEZEMBRO estava chegando ao fim. Era a noite anterior ao dia em que Kendall e eu havíamos decidido sacrificar Sprite. Demos a terrível notícia a Chase. Ele ficou aborrecido, mas permaneceu forte. Eu podia ver as lágrimas pairando em seu olhos, porém ele controlou as emoções.

Naquela noite, Chase ficou muito mais tempo com Sprite. Não foi para a cama no horário habitual. E, quando se recolheu, nos perguntou: "Não podemos esperar mais um dia? Eu gostaria de ficar mais um pouquinho com ele". Era tudo de que eu precisava para controlar minhas emoções. Pensei comigo mesmo: como eu gostaria de ter só mais um dia. De fato.

Eu disse a Chase que Sprite estava muito mal e que era nossa obrigação ajudá-lo a ir embora. Ele disse que entendia. Mais tarde fui até seu quarto, sentei-me em sua cama, bem perto dele, e perguntei se estava bem. Ele disse que sim, mas não estava. Lembrei-o de que mamãe e papai estavam ali, se precisasse conversar.

Não havia como se preparar para aquele dia. Sabíamos que estava chegando, mas não importava. Apenas que tudo estava acontecendo muito depressa. Sprite era, na verdade, nosso bebê. Havia apenas começado a aproveitar a vida com uma família que tanto o amava e que tratava dele com o carinho que ele merecia desde que fora um filhote. Queríamos mais tempo com ele. Sem dúvida, precisávamos de mais tempo com Sprite. Ficamos com ele por apenas vinte e seis meses. Não era o suficiente.

Aquela noite fiz algo que raramente faço. Rezei. Pedi a Deus que cuidasse de Sprite em seu sono. Implorei a Ele.

"Deus, por favor, receba Sprite em silêncio e sem dor em seu sono. Por favor, leve-o em seus braços no meio da noite. Ele precisa de Sua ajuda. Nós precisamos de Sua ajuda."

Quando acordei naquela manhã, Sprite estava dormindo sobre minhas camisetas. Parecia tão tranqüilo. Sua respiração estava ligeiramente fraca e pesada. Mantinha os olhos fechados e parecia ter um sorriso na face. Talvez fosse minha imaginação.

O final chegou no dia 7 de dezembro. Ironicamente, era o sexagésimo quinto aniversário do ataque japonês a Pearl Harbor, durante a Segunda Guerra Mundial. Eu não tinha me dado conta disso antes. Também soube, no dia seguinte, que a ex-embaixadora das Nações Unidas, Jeane

Kirkpatrick, havia morrido nesse mesmo dia, 7 de dezembro. Ela era uma heroína para mim.

Para a família Levin, aquele seria nosso pior dia — aquele em que perderíamos nosso Sprite.

Por volta das quinze para as oito da manhã, telefonei para Chris. Eu lhe disse que Kendall e eu havíamos decidido que era o dia. Ele respondeu que tínhamos tomado a decisão correta e que aquela era a atitude mais humana a tomar. O horário mais próximo que ele poderia vir à nossa casa era por volta do meio-dia e meia.

Apenas fiz o movimento inicial para encerrar a vida de Sprite. A dor daquele telefonema era incalculável, mas eu precisava manter a minha integridade. Algo me impediu de falar novamente com Chris para cancelar o compromisso. Lutei muito para permanecer forte e seguir adiante. Sabia que precisava fazer isso pelo bem de Sprite e do restante da família.

Levei Chase para a escola naquela manhã, como fazia muitas vezes. Quando parei para deixá-lo, perguntei se estava bem. Ele disse que sim. Segurei sua mão e disse que o amava. Permaneci no carro, olhando enquanto ele entrava no edifício.

Eu estava muito orgulhoso de meu filho. Aquele era um dos piores dias de sua jovem vida, mas ele não esmoreceu — foi para a escola e prosseguiu sua rotina. Ele sabia que, quando voltasse naquela tarde, Sprite já não estaria mais.

Quando voltei, passei muito tempo com Sprite. Na verdade, parecia mais tranqüilo do que nas semanas anteriores. Sentei bem perto dele, olhei em seus olhos e chorei. Eu lhe disse que lamentava muito, que o amava e que não havia mais nada que eu pudesse fazer por ele. Disse-lhe ainda que jamais o esqueceríamos e que ele agora encontraria a paz. Agradeci a ele toda a alegria que trouxera para nós e por fazer minha vida mais rica e feliz. Falei que lamentava pelos problemas de saúde que tivera de enfrentar e me desculpei se seu sofrimento pudesse ter resultado de algo que eu tivesse feito ou de alguma falha minha.

Então, apenas olhei para ele. Estava muito debilitado e frágil. Qualquer que fosse sua idade, talvez uns quinze anos, naquela hora finalmente ele aparentava isso. Mesmo assim, porém, ainda era lindo e majestoso. Mais uma vez, acariciei sua suave pelagem, em especial seu peito, porque ele gostava muito disso. Devagarinho, afaguei suas costas. Peguei suas patas e as observei pela última vez. Gentilmente, massageei sua musculatura, segurei sua cabeça e toquei suas orelhas com a ponta dos dedos. E o beijei. Repetidas vezes. No focinho, nas bochechas e no topo da cabeça.

Em seguida, afundei o rosto em seu peito por um instante, como fizera muitas vezes antes. Sprite sempre tivera um odor limpo e fresco — e naquele dia também.

Um pouco mais tarde, vi Kendall sentada no chão com Sprite, abraçando-o e falando com ele. Kendall tem uma voz suave e agradável. Estava se despedindo dele com sussurros, dizendo a ele quanto o amava. Ambos tinham uma relação muito especial. Se não fosse pela persistência dela, nunca teríamos tido a bênção de conviver com esse cachorro. Ela fez todas aquelas viagens a Maryland para encontrá-lo e convenceu seus pais temporários a dar preferência à nossa família na adoção. Fez todos os trâmites com a sociedade protetora para finalizar a papelada. Passou muitas horas com Sprite nos primeiros dias em que veio viver conosco, levando-o ao veterinário de Poolesville para tomar ciência de sua ficha médica, na ocasião com pequenos problemas de saúde.

Sprite adorava Kendall. Talvez percebesse que ela era a responsável por estarmos todos reunidos. Quando ela caminhava por um aposento, ele nunca a perdia de vista. Se ela ia para outro cômodo, tanto Sprite quanto Pepsi estavam em seus calcanhares. Sprite sabia que ela era sua mãe carinhosa. Sabia que ela faria por ele tudo o que pudesse. Eles se adoravam. Mas agora não havia nada que ela pudesse fazer por ele. Kendall o salvou uma vez, mas não podia repetir o gesto. Ninguém podia.

Meu celular tocou. Era Jim Robinson, presidente da rede de rádio ABC. Queria me cumprimentar por meu nível de audiência.

Com a voz entrecortada, eu disse a ele: "Em algumas horas vou sacrificar Sprite. Daria toda a minha audiência e minha própria carreira se pudesse mantê-lo vivo".

Jim fez uma pausa e disse: "Lamento muito. Sei o que acontece nesse momento. Minha família tem muitos cachorros e recentemente perdemos um. É uma das piores sensações".

Jim mencionou que Mitch Dolan, presidente da rádio ABC que se empenhou muito em transmitir meu programa, havia perdido um cachorro algumas semanas antes num trágico acidente. Eu lhe disse que, por favor, levasse minhas sinceras condolências. Ele podia perceber claramente quão eu estava mal pelo tom de minha voz. Assim, a conversa foi breve.

Restavam-nos algumas horas até que Chris chegasse. Kendall e eu decidimos levar os cachorros para fora, onde ficariam juntos pela última vez. Eram cerca de dez e meia da manhã. Estava um dia bem frio. De céu claro. Quando o sol tocou os cães, a extrema fraqueza do corpo de Sprite ficou bastante evidente. A artrite o arrasara. Por isso ele estava com as costas arqueadas. A perda de musculatura fazia com que suas costelas ficassem aparentes. Ele mal podia se manter em pé e caminhar sozinho. Mas tentava. Tinha um imenso desejo de viver, e essa chama ainda estava presente. De alguma maneira e em algum lugar ele encontrou energia para caminhar. Cambaleava, mas seguia adiante.

Kendall, Pespi e eu fomos com ele até seu lugar favorito no quintal — uma pequena elevação no canto de nossa propriedade, de onde se tem uma bela vista do rio Potomac. Quando chegamos ali, havia uma brisa mais forte. Sprite ficou sentado nas patas traseiras, de frente para o vento, e parecia tão feliz como eu jamais vira.

Nossa! Ele amava uma bela brisa.

Estávamos tão contentes porque havia brisa naquele dia! Aquela seria a última vez que Sprite estaria lá fora, a última vez que sentiria aqueles cheiros e o ar fresco. Seria a última vez que veria as árvores e os bosques que lhe eram tão familiares.

A última vez que ele apreciaria a brisa.

Eu o abracei. Ele descansou a cabeça no meu braço esquerdo. Suas orelhas estavam viradas para trás, como ficavam ao vento. Juntos olhamos para o rio na direção do vento — a mesma da travessia da balsa. Quando eu estava ali, perto de Sprite, pensei em minha viagem para conhecê-lo. Lembrei-me de todas as vezes que Kendall fez aquele caminho durante o processo de adoção.

Enquanto ficava ali aninhado a Sprite, a brisa continuava a soprar. Ele parecia muito feliz. Era como se estivesse sorrindo de novo. Naquele momento, imaginei que

Deus estivesse chamando Sprite, e que ele sabia disso. Talvez fosse o que eu queria que acontecesse.

Tiramos umas últimas fotos com os cachorros. Infelizmente, aquelas em que eu aparecia com ambos os cães queimaram. Mas ficamos com duas em que Kendall aparece com os cachorros, e que costumo olhar todos os dias, diversas vezes.

Renata, nossa amiga e vizinha que tão amorosamente cuidava de Sprite e Pepsi quando deixávamos a cidade, caminhou em nossa direção. Nós lhe demos a triste notícia. Ela nos abraçou e sem dizer uma palavra retornou à sua casa. Sua família adorava os cachorros e ela teria que encontrar uma forma de dizer aos filhos que eles nunca mais veriam Sprite.

Voltamos para casa. Kendall alimentou os animais. Era a coisa certa a fazer. Sprite estava com fome e sede. Não havia perdido o apetite. Também lhe demos algumas guloseimas. Pedi a Kendall que lhe desse o remédio para artrite. Ela olhou para mim e disse: "Mark, Sprite não precisa disso". Talvez você pense que naquele momento eu já havia aceitado que ele partiria, mas não havia. Era como se aquilo me pegasse de surpresa de novo, mais ou menos como levar um soco no estômago. Não haveria amanhã para Sprite.

Enquanto esperávamos a chegada de Chris, eu disse a Kendall: "Isso é como esperar a morte em pessoa, com sua foice".* A gente não sabia se queria que o tempo passasse mais depressa ou mais devagar. Aos prantos, Kendall se virou para mim e disse: "Ele está comendo e bebendo. Está tendo um bom dia. Isso é terrível". E realmente era.

---

* No original a expressão usada pelo autor é *Grim Reaper*, ou seja, nome que os americanos dão àquela figura tradicional do esqueleto carregando a foice. (N. da T.)

Sprite, de alguma forma, nos reunia de novo pela última vez. Era ao mesmo tempo mágico e torturante.

Queríamos estar com ele em seus momentos finais. Era importante que se sentisse em família. Tínhamos que escolher um lugar na casa onde a vida dele acabaria — outra decisão difícil. Resolvemos que seria em um de seus lugares favoritos, em nossa sala íntima. Coloquei aquele ninho de camisetas e o novo cobertor em um canto. Sprite estava circulando pelo aposento, mas não tanto quanto fazia ultimamente. Nos minutos que precederam a chegada de Chris, ele se acomodou no lugar. Parecia estar muito confortável. E ali estava ele, um pequeno ser tão querido, apenas descansando. Eu nunca disse a Kendall, mas lutava com cada célula e instinto do meu ser para não desistir. Estive muito próximo de telefonar para Chris pedindo que não viesse, mas resisti. De alguma maneira, caminhávamos para o inevitável.

Kendall e eu ficamos sentados no chão perto de Sprite. Nós o abraçamos e falamos com ele novamente. Pespi estava andando por ali. Podia sentir que alguma coisa diferente estava acontecendo ou prestes a acontecer. Mas como poderia compreender o terrível evento que estava por vir e que encerraria a existência de seu melhor amigo peludo?

Continuei olhando para o relógio e para Sprite. Agora faltavam poucos minutos. Os ponteiros marcavam meio dia e vinte. Fui até a janela e vi Chris conduzindo o carro até a entrada da casa. Virei para Kendall e avisei: "Ele está aqui".

Chris entrou pela garagem. Trazia o que parecia uma pequena maleta de médico. Carregava também um pesado cobertor. Eu sabia para que ele iria usar aquilo — para levar meu Sprite embora assim que o procedimento estivesse concluído. Ficamos ali bem perto de Sprite, que ainda descansava virado para o lado esquerdo. Kendall olhava para os olhos dele. Tentava sorrir, entre lágrimas, pois assim Sprite poderia ver sua expressão "feliz" durante os últimos momentos de sua vida. Eu me sentei ao seu lado, acariciando-lhe as costas e as patas. Ele virou a cabeça e cheirou minha mão, assegurando-se de que eu estava com ele e esperando por consolo.

Chris sentou-se no chão entre mim e Kendall. Murmurei: "Prometa-me que ele não vai sentir nada". Ele respondeu: "Mark, a primeira coisa que vou aplicar é um sedativo. Isso vai relaxá-lo. Levará uns cinco minutos para fazer efeito. Ele não sentirá nada". O próximo passo seria administrar uma overdose de barbitúrico, por meio de uma artéria da pata de Sprite. O coração pararia em vinte ou trinta segundos.

Todos os dias relembro os detalhes daquele processo de cortar o coração. Mas não vou descrever tudo, porque Kendall e Chase não estavam lá. Direi apenas que, passados vinte minutos do momento em que Chris aplicou a dose letal, eu lhe perguntei se Sprite já morrera. Ele disse que sim. Pedi que se assegurasse disso. Ele então o examinou com o estetoscópio e olhou para mim, movendo a cabeça. Murmurei para Kendall: "Ele se foi", e chorei compulsivamente. Ela segurou minha mão. Estava soluçando. E, pela última vez, toquei uma das patas de Sprite, afagando depois seus flancos e a cabeça.

Em seguida sussurrei o derradeiro adeus. Estava tudo terminado.

Eu mal podia falar, mas pedi a Chris que envolvesse o corpo de Sprite no novo cobertor que lhe dera na semana anterior. Ele assim o fez. Eu lhe agradeci a ajuda. Não era capaz de dizer mais nada. Não tive sequer coragem de observar enquanto ele concluía os trâmites. Tive que me afastar.

Kendall acompanhou Chris à garagem. Queria permanecer com Sprite até que o carro se distanciasse. Olhei pela janela. Observei o volume no cobertor que o veterinário carregava cuidadosamente nos braços. Então, dei as costas para não ver mais nada.

Minha dor foi instantânea e devastadora. Embora o processo de eutanásia tenha ocorrido conforme o planejado e Sprite não tenha sofrido, eu estava traumatizado. Ele agora tinha ido embora para nunca mais voltar. Meu coração doía, e a falta de Sprite pela casa já era evidente.

Também fui assolado pela culpa. Sentia como se tivesse acabado de executar meu cachorro. Cada etapa do procedimento apenas fez com que esse sentimento se tornasse mais agudo. Sprite confiava totalmente em mim e eu o traíra tentando acalmá-lo antes que as drogas fossem injetadas. Sim, eu sabia que ele não podia continuar como estava. Da mesma forma, não havia dúvida de que seu estado só podia piorar. E também que seria horrível para ele se continuasse vivo, e que eu não tinha outra opção. Mas não podia fugir da verdade: o cachorro que havíamos levado para nossa casa, a quem amávamos e que nos amava, que tinha sido tão feliz e trazido tanta alegria para nós estava acabado com a minha participação. Fui o responsável por decidir o dia, a hora e o lugar de sua morte.

Por que tomei aquelas decisões? Quem era eu para assumir o papel de Deus?

Minha culpa só fez crescer. Mais e mais.

## *Capítulo 12*

# Dias negros

### DEZEMBRO DE 2006

DEPOIS QUE CHRIS foi embora com Sprite, me dirigi para a sala de estar e me sentei no chão, perto do sofá, onde Sprite costumava descansar e olhar a porta da frente. Pepsi sentou-se ali comigo. Comecei a chorar. Não fazia muito ruído e o choro não durou muito, mas foi intenso. Eu não chorava daquele modo desde que era bem pequeno. Kendall não estava ali perto, portanto não podia me ouvir, mas Pepsi estava. Suas orelhas e cauda estavam caídas, e ele inclinou a cabeça.

Acredito que naquele momento Pepsi percebeu que Sprite se fora e que não voltaria mais. Caminhei ao redor da casa e senti um grande vazio. Estava meio zonzo e sem direção. Para todo lugar que olhava, via lembranças de Sprite. Os potes de comida e água e a guia ainda estavam na área de serviço. Os cobertores e as camisetas preferidas continuavam onde ele gostava de descansar. Seus pêlos estavam espalhados pelos móveis e pelo carpete. E os remédios permaneciam alinhados numa estante da despensa. Nos rótulos estava escrito: "Sprite, de Mark Levin".

Kendall pegou Chase na escola algumas horas depois. Ela lhe contou o que acontecera e ele não demonstrou nenhum sentimento. Ela comentou com ele que havia sido uma decisão muito dura, mas que Sprite já não estava mais sofrendo. Chase não fez muitos comentários. Eram notícias tristes, mas ele preferiu manter suas emoções em âmbito privado, como fazem muitos adolescentes.

Aquela noite fui até o computador para tentar me distrair e percebi que havia um e-mail de Mitch Dolan. Como presidente da rádio ABC, Mitch era um homem muito ocupado e raramente conversávamos, então pensei que se tratasse de algo profissional.

Eu estava errado.

> Mark:
>
> Jim (Robinson) me deu as tristes notícias sobre seu cachorro. Lamento muito que você esteja passando por isso.
>
> Há duas semanas, nossos dois retrievers dourados, Lumpy e Cinnamon, abriram um buraco na cerca (como freqüentemente costumam fazer) e escaparam. Em geral, ficam vagando por ali e depois regressam à casa (cobertos de lama da represa), ou algumas horas depois alguém da vizinhança nos telefona, até mesmo de cidades próximas, avisando que eles estão no seu quintal brincando com as crianças, e temos que ir até lá buscá-los. Minha mulher, Fran, me chamou em Nova York para dizer que haviam feito isso de novo. Obviamente nossa expectativa era de que retornassem como das outras vezes. Voltei às dez da noite e até aquele momento não havia nada dos cachorros nem nenhuma ligação telefônica. Fran dirigiu por

horas nas redondezas à procura deles. À medida que continuamos nossa busca, a sensação de que algo ruim acontecera foi crescendo. Infelizmente, confirmou-se bem cedo, na manhã seguinte.

A polícia de Lewisboro (próxima cidade) nos ligou. Aparentemente, Lumpy e Cinnamon haviam entrado em um quintal não muito longe (cerca de um quilômetro de nossa casa, por onde passamos uma dúzia de vezes na noite anterior) e caíram na piscina. O vizinho disse que voltou para casa por volta de onze e meia da noite e que não ouviu nada estranho, mas na manhã seguinte viu os cachorros. Depois, chamou o corpo de bombeiros de Lewisboro. (O cara ficou esperando no carro pelos bombeiros, para que retirassem os cães, porque "tinha de ir para o trabalho". A corporação chamou a polícia e lavrou um boletim de ocorrência por causa do portão quebrado. Mas que espécie de homem vê dois cachorros mergulhados em sua piscina e não pula para retirá-los de lá?)

Os retrievers dourados são excelentes nadadores, mas o nível da água estava mais baixo, a piscina não tinha degraus e a escada havia sido retirada — eles simplesmente não conseguiram sair. Permaneceram na água durante a noite e Lumpy (o macho mais velho) se afogou — ficou enredado na cobertura da piscina —, porém Cinnamon deu um jeito de permanecer na superfície. Estava esgotada e sentindo muito a falta do companheiro (da mesma forma que nós), mas estava bem.

Tivemos vários goldens ao longos dos anos, e sempre estive com eles quando a hora chegava. Lamentei profundamente a perda de Lumpy, e o pensamento de que a última coisa que ele viu foi uma lona de vinil permanece diante de mim, me consumindo.

Dói de uma maneira inimaginável despedir-se do melhor companheiro, mas, em comparação ao amor incondicional e absoluto e à devoção que recebemos quando está conosco, é a melhor e mais incalculável dádiva.

Lamento pela divagação, mas meu coração está partido por você. Terei um bom pensamento para todos os Levin esta noite.

Mitch.

Respondi, dizendo:

Mitch:

Sinto demais pela perda de Lumpy e pela situação traumática. Eu nem sequer posso imaginar o vazio que sua família está sentindo. Lamento muito. Sou grato por sua mensagem gentil.

E acrescentei:

Os cachorros são o que há de melhor. E, como você diz, sua vida inteira é dedicada a nos dar amor e prazer. Eles são desinteressados. Realmente, sinto muito pela experiência tão trágica com Lumpy. Imagino como deve ter sido difícil para você escrever a respeito. Lumpy terá um novo amigo agora — meu Sprite. Sei que alguns poderão dizer que isso tudo é muito estranho — dois homens adultos escrevendo um para o outro sobre seus cachorros. Mas, com certeza, quem disser isso *nunca* teve um cachorro. Se tivesse tido, entenderia.

* * *

A campainha tocou. Era um homem trazendo um grande ramalhete de flores. O cartão dizia: "Em memória de Sprite" — Sean e Jill Hannity.

Sean e eu havíamos conversado naquela manhã. Num tom de voz compadecido ele disse: "Mark, sei que você está desolado. Odeio ver você assim. Isso está me matando. Sinto demais por você e sua família". Eu dissera a ele que precisava desligar o telefone antes de perder a compostura. Ele tentou falar comigo mais tarde, mas eu estava incomunicável — em casa com Sprite e suas derradeiras horas.

Telefonei para Sean e agradeci as flores. Ele me disse que, quando eu estivesse pronto, queria me comprar outro cachorro. Eu agradeci e disse: "Sean, tenho Pepsi. Ele precisa de nossa total atenção agora. Não haverá outro cachorro em nossa casa. É muito doloroso".

Sean é um amigo muito atento e generoso. Ele realmente me daria a própria camisa se pensasse que eu precisava dela. Tenho sorte de conhecê-lo tão profundamente.

Voltei para o computador. Rush estava on-line, e resolvi puxar conversa: "Estou exausto, emocionalmente esgotado", escrevi. "Estou começando a questionar minha carreira. Fico falando, falando e falando no rádio. Nesse meio tempo, a vida e a morte estão acontecendo. Meu cachorro morreu, as pessoas trabalham o dia inteiro nessa sociedade humana — não sei como fazem isso, mas as admiro. Os veterinários têm um propósito, os médicos têm um propósito, e que diabo de objetivo eu tenho? — falar, falar e falar. Estou aflito".

"Sim, penso que você esteja no fundo do poço por causa de Sprite", Rush respondeu. "Na verdade, todos nós ignoramos o profundo impacto que temos na vida dos outros. Você precisa ver o filme *It's a Wonderful Life.** Não estou brincando com você".

"Olho essas vidas inocentes", respondi, "que não fazem outra coisa senão dar amor e que estão aqui por curtos períodos de tempo. Elas existem para nos dar prazer e vão embora no dia seguinte. Tive esse cachorro por dois malditos anos. Não poderia ter tido Sprite por cinco?"

"Sim", Rush escreveu, "e você nunca pára para pensar no conforto e na felicidade que oferece a essas inocentes vidas. Onde Sprite teria ficado sem você e sua família? Ele era um cachorro alegre e trouxe alegria ao seu lar. Animais de estimação são a inocência pura, como os bebês. No final das contas, tratamos nossos mascotes como crianças. Eles são apenas criaturas que dão amor incondicional aos seres humanos. Seu cachorro nunca gritou nem rejeitou você, nem o mandou para o inferno ou discutiu com você. Eles parecem indefesos, e, quando morrem, você fica bravo porque não pode salvá-lo".

"Perfeitamente correto", escrevi. "Mas penso nos pais que perderam seus filhos em acidentes de carro e na guerra ou de câncer no cérebro — e olho para mim".

"Perda é perda", Rush respondeu. "Pare de comparar. Pare de sentir culpa. Você não vai conseguir nada tentando minimizar sua perda comparada às tragédias dos outros. Você está se autoflagelando sem razão. Suas emoções são reais e justificáveis e você não tem que se culpar por sentir isso. O que você fez hoje foi humano".

"Mas ele foi embora, nunca vai retornar como todos nós quando chegar a hora", escrevi.

---

* Filme de Frank Capra lançado originalmente nos Estados Unidos em 1946. No Brasil, é possível encontrá-lo sob o título *A Felicidade Não se Compra*. (N. da T.)

"Sim, Mark, mas até mesmo Sprite deixou uma herança."

Acrescentei: "Tenho pensado em escrever um livro sobre ele, mas ninguém vai se importar com isso".

"Sprite, sem dúvida, ensinou muito a você. Sobre a maneira como viveu sua vida, com os desafios que ele teve que enfrentar e a genuína compaixão de sua família, que o amou e ajudou", Rush escreveu.

"Sim, mas ninguém vai querer ler a respeito do meu cachorro", respondi.

"Com certeza vão querer", ele afirmou, "da mesma forma como vão querer ler sobre sua vida em família com ele. Isso certamente tocará milhões de corações."

"Sou afortunado por ter você aqui, Rush. Gostaria que as pessoas soubessem que ser humano você é. Obrigado."

Agora você sabe de onde partiu o encorajamento inicial para escrever sobre Sprite e Pepsi.

Também lembrei que Laura Ingraham perdera seu cachorro, Troy. Eu a conheci quando ambos trabalhamos no governo Reagan. Eu lhe mandei um e-mail falando a respeito de Sprite e perguntando como ela havia lidado com a morte de Troy. Sua resposta:

*Lamento muito, Mark. É verdadeiramente a PIOR coisa. Fico triste todos os dias e, ao mesmo tempo, sinto como se Troy ainda estivesse comigo. Uma noite, juro que ouvi a respiração dele no meu quarto. Sprite teve sorte de ter vocês — vocês são os anjos da guarda da vida dele. Deveriam considerar sempre como precioso o tempo que deram a Sprite. Isso é um testemunho para você.*

Na verdade, o testemunho era para Kendall. Ela foi o anjo que resgatou Sprite.

Mais tarde falei com Laura. Ela teve Troy por quinze anos. Era um labrador amarelo. Ela ainda estava ferida. Fazia apenas algumas semanas que ele havia sido sacrificado, mas ela não poderia ter sido mais compassiva.

Laura teria, depois, outro animal de estimação — também um labrador amarelo, fêmea, a quem deu o nome de Lucy.

Quando levei Pepsi para passear naquela noite, lembrei-me de Sprite e de seus pontos preferidos no trajeto. De árvores a postes. Foi algo bastante pesado. Nos outros dias, quanto saía com Pepsi, eu esperava não encontrar nenhum vizinho. Sei que me perguntariam sobre Sprite e eu não estava a fim de falar nisso. Então, colocava sempre meu boné, quase ocultando meus olhos.

Um vizinho, cujo nome não sei, estava andando com seu cachorro em nossa direção. Eu o havia visto muitas vezes antes e nos cumprimentávamos. Ele percebeu que estávamos sem Sprite. E perguntou: "Onde está o outro cachorro?". Murmurei: "Tivemos de sacrificá-lo". Ele retrucou: "Ah, lamento muito". Lutei contra as lágrimas, agradeci e continuei em frente.

Nos dias seguintes, mais e mais vizinhos — em especial as crianças — perceberam que Sprite se fora. Tanto ele quanto Pepsi faziam parte da paisagem. Estavam sempre juntos. Um adolescente que vivia nas proximidades veio até mim e perguntou por Sprite. Eu lhe disse que ele havia ficado muito doente e morrera. Pude ver em sua expressão que ele ficou triste e embaraçado por fazer a pergunta. Assim, continuei: "Está tudo bem. Sprite viveu por muito tempo e no final estava bastante debilitado".

Embora fosse capaz de confortar o garoto, não conseguia encontrar a paz para mim mesmo. Apesar da extraordinária delicadeza da família e dos amigos, eu ainda estava lutando com muita dificuldade. Não precisava de um psiquiatra para me dizer que depois de semanas lidando com a morte de Sprite eu ficara deprimido. Mas agora estava piorando. Kendall podia dizer que eu estava em agonia. Ela também estava muito triste. Mas sua fé profunda a ajudou a suportar melhor o momento. Ela se sentia aliviada porque Sprite já não sofria mais. Costumava dizer: "Ele está brincando alegremente no céu dos cachorros".

Ela me perguntou, mais tarde, se eu necessitava de alguém para me assistir naquele impasse. Eu disse que não, que precisava lidar eu mesmo com aquilo. Era necessário.

De fato aconteceu, mas levou meses. Dia após dia eu ficava pensando nas vinte e seis semanas com Sprite. Parecia que o havíamos conhecido a vida toda.

Eu me lembrava da primeira vez que botei os olhos em Sprite, na casa de seus pais adotivos, e de como ele ganhara meu coração naquele exato momento.

Eu pensava em todas as viagens que Kendall fez a Maryland para trazer esse precioso cão para nossas vidas.

Eu pensava naquela tenebrosa noite de Halloween, quando ele teve aquele ataque e eu o levei correndo ao hospital veterinário.

Eu pensava nos passeios ao longo do rio com Sprite e Pepsi. Pensava na maneira graciosa como ele corria e como chamava a atenção para si quando queria uma guloseima ou ir para fora.

Pensava na companhia que ele se tornou para Pepsi e em como eles logo se tornaram inseparáveis.

Pensava nas tantas vezes que Sprite lambera a cabeça de Pepsi e em como este aprendera a retribuir.

Pensava nas tantas madrugadas em que fiquei ao lado de Sprite, para acalmá-lo quando queria latir para a luz refletida na superfície do rio ou para a sombra das árvores, quando se moviam ao sabor do vento.

Pensava em como ficava excitado durante as festas e aniversários ou quando os amigos de meus filhos nos visitavam.

Pensava na festa de formatura de Lauren, do colégio, quando Sprite e Pepsi ficavam recebendo os convidados com o rabo abanando — e em como ficavam rondando pela casa em busca de oportunidades para obter algum alimento.

Pensava em Sprite e Pepsi latindo para os entregadores, recebendo-os amigavelmente à porta.

Pensava em Kendall andando pela casa com Pepsi e Sprite em seus calcanhares.

Pensava nas tantas vezes que Sprite vinha ao nosso encontro para um carinho — esfregando-se em nós, sentando-se em nosso colo, acariciando-nos com a cabeça.

Pensava nas vezes em que tomei sua cabeça em minhas mãos, olhando-o nos olhos, beijando seu focinho e dizendo a ele quanto o amava.

Pensava em todas as vezes que chegávamos em casa e Sprite e Pepsi ficavam extasiados ao nos ver.

Pensava em Sprite e Pepsi sentados do lado de fora de meu escritório, esperando pacientemente para ficar comigo durante o jantar, depois de meu programa de rádio.

Minha sensação de perda estava ficando insuportável.

Em meio a tudo isso, lembrei que um dia antes da morte de Sprite minha amiga Debra Burlingame perdera a sobrinha Wendy em um incêndio terrível. Era filha de Chic

Burlingame, um dos pilotos heróicos do atentado de 11 de Setembro. "Quantas tragédias uma única família é capaz de suportar?", pensei comigo mesmo.

Telefonei para Debra para dar minhas condolências e saber como ela estava. Ela falou sobre Wendy e de como Chic a adorava. Queria que a pequena fosse sempre lembrada e por isso estava fazendo um álbum sobre ela. Debra, então, comentou: "Mark, você me parece muito triste. O que está errado?".

Eu hesitava discutir o assunto Sprite com Debra, apenas porque sua própria perda era muito recente. Também pensei que ela me acharia louco, considerando a extensão do que ela mesma estava passando. Mas falei o que acontecera. Ela fez muitas perguntas, querendo saber mais detalhes. Portanto, contei tudo.

Acontece que ela ama cachorros. Entendeu perfeitamente.

Mais tarde, naquele mesmo dia, ela me enviou o seguinte e-mail, para me consolar:

> *Levamos muito a sério, mas muito mesmo, a relação com nossos cachorros.*
>
> *Chic tinha dois retrievers dourados, aos quais amava. Belos cachorros. Um dia, quando ele estava trabalhando no jardim, ambos estavam por ali, junto dele. Envolvido no que fazia, de repente ele percebeu que os cães haviam desaparecido. Ficou desolado. Inconformado, imprimiu cerca de mil cartazes com a foto deles, oferecendo uma recompensa de mil dólares a quem os achasse. Sua estratégia era espalhar aquelas mensagens por tantos lugares que fosse quem fosse que os tivesse levado embora (ele estava certo de que haviam sido roubados) não pudesse con-*

*tinuar com eles, porque haveria muita gente à procura dos animais. Um escoteiro de dez anos procurou pelos animais e os achou, vagando a alguns quilômetros de distância. Chic me contou que, quando atendeu à ligação, depois de receber a notícia, colocou o fone no gancho e caiu em prantos. Acreditava que a pessoa que os levou resolveu abandoná-los. Os pais do garoto consideraram a recompensa inaceitável. Chic insistiu que o garoto deveria receber algo, então comprou quinhentos dólares em letras de crédito para ele.*

*De qualquer forma, ainda é muito cedo para que você tome a decisão de não querer outro cachorro. Espere um pouco. A dor da perda é o preço do amor. Esse é o caminho certo para a superação. A morte faz parte da vida. Não posso acreditar que estou dizendo isso, porque sepultamos Wendy ontem. Sei que é arriscado comparar seres humanos com cachorros, mas me sinto muito feliz por ter tido Wendy em minha vida. Ainda é impensável voltar ao normal, acalmando a dor. Cachorros nos dão muitas alegrias. Nunca nos faltam, mesmo quando pessoas que amamos nos desapontam de alguma maneira.*

Que pessoa impressionante! Respondi: "Você perdeu seu irmão e sua sobrinha e está me confortando? Estou envergonhado. Você é extraordinária. Que história memorável".

Havíamos conversado sobre o que eu poderia fazer para recordar Sprite. Escrevi: "Kendall e eu decidimos que vamos plantar uma árvore em nossa propriedade, quando estiver mais quente, e colocaremos as cinzas dele junto às raízes, antes de cobri-las com terra". Debra disse que era uma grande idéia.

* * *

Pepsi dava sinais de que sentia falta de Sprite. Eles faziam tudo juntos — eram os cachorros mais companheiros que eu já vira. De manhã, Pepsi andava pela casa procurando em cada cômodo para ver onde Sprite estava. Parecia confuso — não encontrava o companheiro em nenhum lugar. De vez em quando, ficava desanimado e triste. Nem parecia o alegre e brincalhão Pepsi que conhecemos. Ele tinha pesadelos. Emitia sons estranhos, e seu corpo se agitava no meio da noite. Tivera pesadelos antes, mas agora era diferente.

Pepsi estava sentindo profundamente a morte de Sprite, então tratamos de cercá-lo de todo nosso carinho e afeição. A verdade é que, a despeito de ter perdido Sprite, Pepsi agora tratava de confortar nossa família.

Na segunda-feira, quatro dias depois da morte de Sprite, telefonei para a Montgomery County, a sociedade protetora responsável pela adoção de Sprite. Eu não estava conseguindo controlar minhas emoções quando agradeci à pessoa que atendeu ao telefone o grande trabalho que faz a instituição. "Não sei como vocês conseguem", eu disse. "Todos os dias tentam ajudar esses cães e gatos que perderam as famílias ou foram maltratados. Vocês são anjos. E tomaram conta do meu Sprite. Quero apenas agradecer."

A gentil senhora respondeu: "O senhor é que é anjo. Adotou-o. Cuidou dele. Amou-o".

"Não sou anjo", eu disse a ela. "Sou apenas uma pessoa que ama cachorros e que perdeu seu melhor amigo."

Todavia, eu estava ficando mais e mais arrasado pelo sentimento de culpa.

Apesar de todo o discurso sobre como tínhamos sido maravilhosos por adotar Sprite e cuidar dele, eu questionava se havia, de fato, feito tudo que podia para mantê-lo vivo. E me questionava por não ter feito uma ressonância magnética logo que houve o primeiro colapso, pouco depois de ele estar vivendo conosco. Talvez algum procedimento cirúrgico pudesse ter sido feito, com um diagnóstico precoce. Talvez eu pudesse tê-lo salvado.

Decidi rever seu prontuário médico. Eu precisava me assegurar, por mim mesmo, de que fizera tudo certo.

Telefonei para a clínica veterinária Poolesville, em Maryland, a primeira a examinar Sprite logo depois da adoção. Ali estavam as primeiras anotações. Considerando a quantidade de animais que eles deveriam ter visto nos últimos dois anos, calculei que não se lembrariam de Sprite. Mas a recepcionista que atendera à ligação sabia de quem se tratava. O nome dela era Patti. Eu lhe disse que precisava de uma cópia dos registros de Sprite Levin.

"Você provavelmente não se lembra dele", arrisquei.

"Claro que me lembro", ela disse. "Ele é branco e dourado. É um cão maravilhoso. E me recordo de sua esposa. Ela é um amor de pessoa."

Eu mal podia encontrar palavras para contar que ele morrera, mas de alguma maneira consegui. Com voz grave, Patti disse que sentia muito. Poucos dias depois, os dados chegaram pelo correio.

Também pedi a Chris as informações do prontuário do hospital veterinário Old Mill, onde estava incluído o arquivo do pronto-socorro.

Analisei toda aquela informação.

Vi termos médicos que não conhecia.

Cuidadosamente, cruzei dados. Enfermidades, anotações e tratamentos.

Cheguei à conclusão de que falhei com Sprite. Sim, porque eu devia ter solicitado uma ressonância magnética a primeira vez que ele teve aquele colapso, na noite de Halloween de 2004, poucas semanas depois que o adotei. Eu não podia entender como comera essa bola; pior, por que decidira não fazer a ressonância. Eu não podia lembrar o que estava pensando naquela época.

Eu amava Sprite com todo o meu coração. Como pude negligenciá-lo tanto?

A depressão piorou bastante. Eu não conseguia comer. Perdi muitos quilos em três semanas. Não podia dormir.

Perguntei a Chris: "Como pude fazer isso com Sprite?". Ele reviu todo o histórico de Sprite e escreveu essa mensagem:

> Mark, revisei todos os dados médicos de Sprite e sei (e você também) que você e Kendall fizeram o melhor para ele. Como sabe, antes de adotá-lo no outono de 2004, você não tinha como ter acesso a nada que dissesse respeito a ele. Você só pode tomar decisões baseado na informação de que dispõe.
>
> Você sabia que Sprite tinha algumas limitações quando o adotou. Aquela noite de 31 de outubro foi o primeiro sinal de que havia algum problema neurológico relacionado ao colapso. O episódio parecia estar resolvido e só se repetiu cerca de duas semanas depois. Nunca mais houve algo semelhante. O hospital veterinário de Poolesville concluiu corretamente que o problema não era o coração, e

os raios X revelaram artrite. De forma acertada, para amenizar o desconforto, foi prescrito o medicamento Rimadyl. Sei que você está se autoflagelando sem parar por não ter feito a ressonância. *Seria muito difícil para qualquer veterinário encorajar a necessidade de uma ressonância baseado apenas naqueles dois breves episódios.* Então, cerca de um ano depois, aconteceu aquele atrofiamento dos músculos faciais.

Com base na conversa com o neurologista local, surgiu a probabilidade de que a causa fosse um tumor do nervo em questão (não do cérebro), que controla aquela área da face. A ressonância seria a única maneira de determinar isso. Decidimos, baseados na idade de Sprite e para evitar uma cirurgia, que tentaríamos uma medicação, a qual não conseguiu corrigir o problema. O que estávamos querendo era assegurar o máximo conforto a ele. No final do outono passado, Sprite começou a vagar pela casa, a ter distúrbios de sono etc.

Acho que Sprite, que era muito mais velho do que inicialmente se calculou, tinha uma série de problemas. A artrite dificultava seus movimentos. A fraqueza nas patas, que observamos em cachorros mais velhos, combinada com a artrite nas costas e nas cadeiras, complicava ainda mais sua mobilidade. Creio que não era possível determinar a causa exata daqueles colapsos de 2004. Se fosse algo que se pudesse ser detectado, haveria mais sinais contínuos. O atrofiamento dos músculos da face não estava relacionado aos colapsos.

Chris também explicou que, "em razão do custo, se você faz uma ressonância, tem que estar disposto a continuar o tratamento (cirurgia, químio, radiação etc.), e, nesse caso, a seqüência provavelmente incluiria radioterapia (o que implica anestesia a cada sessão)". Ele acrescentou: "Não penso que você e Kendall estivessem prontos para colocar Sprite na rota da químio-rádio".

Ele estava certo, e uma parte de mim concordava com aqueles argumentos, mas a outra sempre questionaria se não haveria mais alguma coisa a ser feita.

## Capítulo 13

# A árvore da memória

**DEZEMBRO DE 2006 – JANEIRO DE 2007**

CINCO DIAS DEPOIS de Sprite ter morrido, Chris veio até nossa casa com uma pequena caixa de madeira contendo as cinzas dele. Quando entregou a urna, senti como se Sprite retornasse à casa. Eu a segurei com as duas mãos e não conseguia largá-la. Havia reservado para ela um lugar especial na prateleira do meu escritório. Foi onde a coloquei. Decidi que, quando o tempo melhorasse e o solo ficasse mais fofo, eu plantaria a árvore com as cinzas de Sprite. Nos dias que se seguiram, eu olhava freqüentemente para a urna. Seu conteúdo era precioso. Mas eu não tinha coragem de abri-la.

Antes de ir embora, Chris disse: "Mark, quero que saiba uma coisa. Vi muita doença e morte em minha profissão. Eu me forço a seguir adiante. Para mim, tem sido uma grande ajuda observar o que você e sua família vivenciaram com Sprite e quanto cuidaram dele".

Eu nunca tinha pensado muito nisso, mas Chris e seus colegas certamente vêem casos terríveis de maus-tratos e ferimentos e precisam fazer eutanásia em muitos animais a cada ano. São profissionais que têm que administrar suas emoções se quiserem realmente ajudar os pacientes e seus donos. Chris acompanhou nossa dor e minha luta particular. Não poderia ter sido mais solidário. Ele queria ajudar Sprite. Tentou melhorar e ampliar sua qualidade de vida. Igualmente, os doutores Plant, Bardsley e Walters usaram toda a sua experiência para ajudar Sprite. Todos queriam o melhor para ele. É preciso ser muito especial para trabalhar nessa profissão.

Já era tempo de falar com o jardineiro com quem eu falara antes sobre a muda que queria plantar. Ele ainda estava trabalhando em algumas casas adiante. Eu lhe disse: "Meu cachorro morreu e quero espalhar suas cinzas quando plantar a árvore. Não quero que ela morra. Isso não pode acontecer. Preciso de uma que resista aos rigores do tempo e que não atraia cervos. Preciso de uma árvore que floresça. Uma linda árvore".

"Lamento por seu cachorro", ele disse. "Sei como a gente se sente. Perdi um há poucos anos."

Conversamos um pouco sobre Sprite e o cachorro dele. Então ele falou: "Tenho a árvore perfeita. Um mirto do tipo Muskogee,* que floresce no verão, com pencas de flores

* Essa espécie de mirto é híbrida e foi desenvolvida pelo National Arboretum, em 1978. É um arbusto elegante e pode crescer muito. Adapta-se a diversos

cor de lavanda. Chega a ter cerca de dois metros e meio de altura."

"Quando a temperatura aumentar um pouco, vou precisar de um", avisei.

Era sexta-feira, 15 de dezembro, oito dias depois da morte de Sprite, quando Lauren retornou. Kendall foi buscá-la no aeroporto. Ambos daríamos a notícia a ela assim que entrasse em casa.

Durante dois meses, cada vez que ela telefonava, terminava a conversa perguntando por Sprite. Sempre lhe dissemos que ele não estava muito bem, mas nunca lhe contamos o que acontecera. Agora ela saberia a verdade.

No caminho, ela perguntou a Kendall por ele. Seria a última vez que iria fazê-lo. Kendall precisou lhe dizer. Não dava para adiar mais.

Então, ela olhou para nossa filha e disse, com sua voz tão suave: "Sprite morreu na semana passada. Sinto muito".

Lauren começou a soluçar. E ligou para mim. "Papai, mamãe me contou sobre Sprite".

"Lamento, Lar. Queríamos lhe contar antes, mas não pudemos. Queríamos estar ao seu lado quando recebesse a notícia."

Lauren entendeu. Fiquei muito aliviado. Sabia que havíamos ocultado o verdadeiro estado de Sprite e sua morte porque ela não poderia lidar com isso sozinha.

Mesmo assim, eu me sentia muito mal por Lauren. Ela sempre tivera uma relação muito especial com Sprite e

---

tipos de solo e é resistente. Produz longas ramagens com tufos de flores cor de lavanda. A floração é bastante longa, durando em média cento e vinte dias. (N. da T.)

Pepsi. Quando estava em casa, ela sempre oferecia algo de seu jantar a eles, disfarçamente, embora eu jamais tenha dito isso a ela. Lauren os levava para longos passeios e lhes comprava brinquedos e guloseimas. Costumava descansar no sofá da sala íntima com ambos, um de cada lado, aos seus pés. A morte de Sprite foi uma grande perda para ela. Mas nos dias que se seguiram ela soube lidar muito positivamente com seus sentimentos, fazendo um livro de memórias e álbuns de fotos. Lauren tem muito talento para isso.

Passou-se uma semana desde que Chris entregara as cinzas de Sprite. O tempo estava melhorando bastante. Então, havia chegado o dia pelo qual eu esperava. Estava ensolarado. Eu já tinha ido à loja Home Depot para comprar alguns equipamentos de jardinagem, como uma picareta, terra adubada e cobertura. Também já havia escolhido o local para a árvore. Era um dos favoritos de Sprite. Um bom lugar. A árvore seria visível da rua, da estrada e da frente da casa. Eu teria de ficar atento a ela, porque guardaria as cinzas de Sprite em suas raízes. E, mesmo que o Sprite que abracei tivesse ido embora para sempre, de alguma maneira continuaria a viver naquela árvore.

Naquela manhã, o jardineiro trouxera a muda. Ele ofereceu dois de seus ajudantes para realizar o trabalho. Agradeci, mas respondi: "Aprecio sua gentileza, mas isso é algo que tenho que fazer sozinho".

Ele respondeu: "Não será fácil, porque o solo ainda está muito duro e você terá que fazer um buraco profundo e largo".

"Tenho que conseguir", concluí.

Meu amigo Eric estava preocupado com minha saúde. Temia que eu pudesse ter um novo ataque. Eu lhe disse que ficaria bem.

Kendall, Lauren e Chase não estavam em condições emocionais de me ajudar com os restos mortais de Sprite. Além disso, as meninas estavam fora da cidade, e ele, ainda na escola. Eu queria fazer o plantio no momento mais adequado, para que a muda expandisse suas raízes, sobrevivendo e crescendo forte e saudável. Aquele era o dia.

Bem, o jardineiro não estava brincando. Usei a picareta naquele solo semelhante a uma rocha durante uns noventa minutos. Encontrei até lixo pesado, o qual coloquei na caixa de reciclagem, com dificuldade, porque não dispunha de uma carreta.

Eu já havia feito cerca de 80% do trabalho quando encontrei um cabo telefônico. "Essa não!", gritei. Eu tinha examinado a área antes, mas não o suficiente. Não cheguei a danificar a fiação, mas não podia plantar a árvore ali. Então, tratei de recobrir o buraco com terra e teria de recomeçar em outro ponto.

Eu estava exausto. Mas não podia parar.

Comecei a cavar outro buraco, perto do primeiro. No entanto, me assegurei de que não havia nada embaixo. Cerca de uma hora depois, encontrei uma rocha. Mesmo que usasse a picareta com muita força, não haveria meio de romper a pedra. Lembrei que meu vizinho Andy Fones costumava lidar com jardim. Talvez pudesse me ajudar.

Andy tinha um cachorro, uma fêmea chamada Molly. Tinha catorze anos de idade, sobrepeso e mal podia andar. Ele a carregava para fora, várias vezes ao dia, para fazer suas necessidades.

Fui até a casa dele e perguntei se teria alguma ferramenta que pudesse remover a rocha. Ele tinha e insistiu em fazer esse trabalho para mim. Andy percebeu que eu estava extenuado. E eu não podia declinar da oferta. Em menos de cinco minutos, ele removeu o obstáculo.

O buraco está pronto. Agora viria a pior parte.

Devagarinho, abri a caixa de madeira com as cinzas de Sprite. Elas estavam em um saco plástico transparente. Parei por um momento, olhando para elas, com o pacote nas mãos. Havia colocado um pouco de terra no fundo do buraco. Então, carinhosamente as distribuí da melhor maneira possível sobre aquela camada inicial.

Lágrimas começaram a rolar de meu rosto. Era muito doloroso. Eu sentia uma tremenda falta de Sprite, que agora estava reduzido a um pequeno saco de cinzas.

Assim que esvaziei o recipiente, coloquei o saco de volta na caixa. Depositei mais terra sobre as cinzas. Em seguida, com cuidado, coloquei a árvore. Com a pá, recobri inteiramente o vão entre ela e a borda do buraco. Chorando, fiquei ali por alguns minutos. Estava cansado demais.

Meu amigo e vizinho, Maurício Mendonça, apareceu na entrada de sua casa. Sequei os olhos depressa e comecei a abrir o saco de cobertura, mas ele notou que eu estava abalado física e emocionalmente. "Ei, Mark", chamou. "Você poderia me deixar espalhar isso? Eu realmente gostaria muito de fazê-lo."

Ele tinha participado de maneira fundamental da vida de Sprite. Estávamos em débito com ele e com sua família pelo amor que demonstravam por nossos cachorros. "Por tudo o que isso significa, aceito sua ajuda", respondi.

Fiquei olhando enquanto Maurício espalhava a cobertura. Quando terminou, regou e lançou fertilizante no solo, para garantir a nutrição. Assim que tudo ficou pronto, permaneci um bom tempo olhando a árvore. Ambos ficamos ali.

Fazia menos de duas semanas que Sprite se fora. Agora, finalmente, descansaria em paz.

Fui para o interior da casa e coloquei a caixa com o saco dentro de um recipiente de vidro que tenho no escritório. Lá permanece desde aquele dia.

A planta sobreviveu bravamente a um duro inverno. E agora está prestes a dar a primeira florada.

Olho para ela todas as manhãs, quando acordo. Depois, assim que deixo a casa e também ao retornar. Cuido dela. Além de minhas lembranças, é tudo que me resta de Sprite.

Sempre vou até ela e pergunto: "Como vai, Sprite?". De tempos em tempos, toco suas folhas e seu caule. Parece ajudar. Algumas vezes, vou até lá com Pepsi e deixo que ele fique farejando. Talvez sinta a presença do amigo.

Kendall acaba de decorar a casa para o Hanucá e o Natal, como sempre faz. Mas não será a mesma coisa. Nem poderia ser. Os feriados tradicionais são um tempo difícil, quando você sente a falta de alguém que não retornará. A meia de Sprite permanece com as outras, mas agora vazia. Antes de abrir os presentes, abaixamos a cabeça e oramos, em silêncio, em sua memória.

Levei cerca de seis semanas depois de sua morte para sair da depressão, mas como acontece com qualquer outra pessoa que ame seus cachorros ainda sou tomado por momentos de profunda tristeza.

Alguns dias depois que ele morreu, liguei para meus pais e perguntei como haviam enfrentado o período de luto após a morte de Lady. Papai disse: "Mark, o que dizem sobre o tempo curar tudo é parcialmente correto. A dor se torna menos aguda e administrável, mas você nunca esquece". Eu disse, então, quanto os amava e admirava.

A mortalidade deles aparece freqüentemente em meus pensamentos. Penso que a morte de Sprite, de alguma maneira, é um sinal do inevitável, tal como foi meu ataque cardíaco e a cirurgia de ponte de safena. Eu me identifiquei com a luta diária de Sprite pela sobrevivência. Era difícil ver a doença tomando pedaço por pedaço de seu corpo. Apesar de tudo, ele nos mostrou o que é realmente fundamental. Até mesmo no final, quando ele mal podia se manter de pé, era uma luz que trouxe o sol à nossa vida.

Sinto falta de Sprite sentado do lado de fora da porta, esperando pacientemente que eu terminasse de apresentar meu programa de rádio.

Sinto falta de meus jantares tardios com Sprite e Pepsi.

Sinto falta do ruído das patas de Sprite sobre o assoalho.

Sinto falta de seus latidos.

Sinto falta de nossas conversas.

Sinto falta de nossos passeios.

Sinto falta de sua cauda balançando.

Sinto falta de sua alegria ao receber uma guloseima.

Sinto falta de abraçá-lo.

Sinto falta de tudo o que diz respeito a Sprite.

Mas também sinto certo conforto ao saber que, durante o curto período em que esteve conosco, fomos devotados a ele e o amamos. Ele se tornou um membro indispensável de nossa família. Ele tinha de saber isso. E creio que sabia, sim. Sprite tocou meu coração e abriu a minha alma. Posso jurar que era um anjo.

As duas guias dele ainda permanecem penduradas na despensa, perto do lugar onde alimentávamos ambos os cães. Seus remédios ainda estão na prateleira. Fotos dele com a família estão espalhadas pela casa. Coloquei meu próprio álbum na mesinha-de-cabeceira do quarto. Minhas camisetas, que serviram de ninho para ele, estão guardadas em uma prateleira do closet.

De vez em quando, afundo meu rosto nelas.

Não posso subestimar o papel que Pepsi teve na vida de Sprite e na de nossa família. Quando olho para ele, percebo quão somos abençoados por tê-lo. Tenho muito orgulho desse cachorro. Outro talvez ficasse com ciúme ou marcasse o território na chegada de um segundo. Afinal de contas, Pepsi passou seis anos de sua vida como o único cachorro da casa. Mas recebeu Sprite como parte da família. Foi providencial para oferecer a ele um novo e feliz lar. Pepsi é cheio de energia e alegria. É doce com seres humanos e outros cães. Assim, ambos rapidamente se tomaram de amor. Aprendiam um com o outro e assimilavam hábitos. Desenvolveram uma bela e extraordinária amizade.

A morte de Sprite foi uma grande perda para Pepsi. Ele sente falta do amigão. E também tem seus momentos de grande tristeza. Mas nada é capaz de mantê-lo em baixo astral por muito tempo. Com nove anos, ele pensa que é um filhote. Começa a ter pêlos brancos ao redor dos olhos e descansa por períodos mais longos. Pode ter perdido algo, mas é difícil notar. Ainda corre, brinca e escarafuncha a lata de lixo, na cozinha. Sempre fomos muito próximos — desde o dia em que o vi na vitrine da pet shop. Ficamos ainda mais amigos. Jamais conheci um cão mais decente e gentil. Não sei o que faria sem ele.

Kendall recentemente me disse: "A morte de Sprite devastou você. Como será sua reação quando chegar a hora de Pepsi?".

"Não será nada fácil", respondi.

Tenho pavor desse dia.

Enquanto Kendall demonstrava muita força, seu coração sangrava. Ela amava Sprite. Cuidou dele durante sua doença, aplacando suas dores. Estava sempre ali para ele. E Sprite a adorava. Poucos dias depois da morte dele, Kendall escreveu:

*Sprite veio para nós quando nos mudamos de uma casa onde vivemos por trinta anos. Essa foi, provavelmente, a razão pela qual procuramos acrescentar alguém à família. Eu havia deixado para trás muitos amigos queridos, e a afeição dele foi justamente o que o médico aconselhou. Passei a ter dois cães me seguindo por toda parte e que me amavam incondicionalmente. Isso pode ser uma bênção quando você tem adolescentes cheios de hormônio em casa.*

*Havia algo único em Sprite. Ele atraía pessoas como um ímã. Era amigável e divertido. Nunca vi um cão que se parecesse com ele. Cada vez que vamos ao veterinário, procuro um catálogo com cachorros, esperando encontrar algum semelhante a ele. O mais próximo que encontrei foi um spaniel inglês, que agora concluí não ser um spaniel de jeito nenhum. Sempre achamos que ele se parecia mais com um pequeno cervo.*

*Sprite demonstrava medo quando alguém aproximava a mão de seu focinho. Sempre pensamos que tivesse sido freqüentemente agredido nessa área do corpo. Infelizmente, esse reflexo estava tão arraigado nele que jamais desapareceu. Tínhamos de acariciá-lo na parte de trás da cabeça. Quando recebia guloseimas, sentava-se na mesma hora sobre o traseiro. Então, alguém tivera tempo de treiná-lo. Fiquei muito feliz quando finalmente observei que, ao ver o exemplo, Pepsi começou a fazer o mesmo, embora antes eu ti-*

*vesse passado muito tempo tentando ensiná-lo, sem sucesso.*

*Pepsi e Sprite aprenderam muito um com o outro. Eles eram verdadeiramente irmãos, no melhor sentido do termo. E o incrível é que isso aconteceu de maneira quase instantânea. Quando Pepsi percebeu que aquele cachorro não viera apenas de visita, aceitou-o como membro da família.*

*Sprite sempre andava em círculos, até encontrar a melhor posição para dormir. Aprendemos que isso era fazer um ninho. Observamos que ele gostava de camas fofas e confortáveis e colocamos várias em diversos pontos da casa para ele. Pepsi ainda prefere assoalhos e carpetes.*

*Sprite e Pepsi tinham mais ou menos o mesmo tamanho, mas Pepsi é bem mais pesado. Não gosta de ficar em camas, num nível mais alto. Sprite, mais leve, gostava de ser carregado no colo. Adorava subir em uma cama e ficar se espreguiçando como se fosse a única criatura viva ali em cima. Quando descansava a cabeça em nossas pernas, você podia ver que ele estava no céu. Por que ele esteve em nossa vida por tão pouco tempo? Dois anos não foram suficientes para expressar todo o amor que tínhamos por ele. Ele veio para nossa casa e se adaptou imediatamente. Sprite nos amou desde o primeiro dia. Ele, que ficou vagando por aí e vivenciou sabe-se lá que tipo de trauma, adorou sua nova vida e família.*

*Mas ficávamos imaginando: será que Sprite tinha uma família que sentia sua falta? Como alguém poderia ter tido um cão assim, bonito e afetuoso, e não ficar removendo céus e terras para encontrá-lo? Nós o encontramos facilmente na internet. Será que seus familiares o procuraram quando sumiu? Por quanto tempo ficou vagando pelas ruas até ser res-*

*gatado? Será que se perdeu? Como logo notamos que tinha problemas de saúde, imaginamos se sua família original tinha conhecimento disso. Talvez não pudessem manter um cão doente ou não se importassem com isso.*

*O que quer que fosse, agradecemos por ter Sprite conosco por dois anos especiais. Ele nos deu muito mais do que pudemos devolver. Deixou para trás suas dores antigas e esteve junto de nós o quanto pôde.*

Obrigado, Kendall, por trazê-lo à nossa casa.

Obrigado, Chase, por encontrá-lo na internet.

Obrigado, Lauren, por todas as fotografias que você tirou dele.

Dez semanas se passaram depois da morte de Sprite. Eu soube, de manhã, que os Mendonça estavam voltando para o Brasil naquele momento. Maurício ficaria para vender a casa e resolver algumas pendências relativas aos seus negócios. Mas Renata queria ficar próxima da família e tinha de fazê-lo rapidamente, porque as crianças precisavam começar a escola em seguida.

Kendall e eu agradecemos a eles tudo o que fizeram por nós. Eles são pessoas extraordinárias que tanto amor e carinho ofereceram a Pepsi e Sprite quando estávamos fora da cidade. Sentiremos muita falta deles e jamais os esqueceremos.

Corri até a casa deles, que fica bem próxima da nossa. Maurício me contou que Daniel, de nove anos, havia passado uma hora escrevendo uma carta para nós sobre Sprite. Ele mesmo a entregou a mim. Quando a abri, pude perceber todo o amor e a intenção que colocara nela. Estava escrita a lápis e dizia:

*A primeira vez que vi Sprite pensei que podia fazer amizade com ele e seu companheiro Pepsi. Adivinhe! Eu consegui! Foi o melhor dia da minha vida. Eu os via quase todos os dias. Um ano depois aconteceu uma coisa horrível. Sprite teve uma doença nas patas e no cérebro. Fiquei muito triste. Pouco depois fui tomar conta dele. Nós nos divertimos. Meu pai ajudou também. Então, levamos os cachorros para um passeio. Sprite não podia correr, mas Pepsi, sim. Aí, algo sensacional aconteceu. Pela primeira vez, Sprite correu rápido. Jogamos bola. Foi muito divertido. Eu gostaria de ficar com Sprite para sempre. Tinha de tomar remédios. Um deles era colírio. Era tão amoroso com Pepsi. O que era realmente engraçado é que Sprite comia toda a ração que caía do recipiente de Pepsi, e Pepsi, a de Sprite. Papai tinha de organizar tudo a cada momento. Se eles fossem bonzinhos, recebiam guloseimas. Sprite nunca mordia, nem Pepsi.*

Dei um abraço em Daniel e lhe disse: "Jamais poderei agradecer tudo que você e sua família fizeram por Sprite. Isso é maravilhoso. Sprite e Pepsi amam você. E eu guardarei esta carta para sempre".

Sprite e Pepsi enriqueceram muitas vidas.

## *Capítulo 14*

# Griffen

**FEVEREIRO DE 2007**

ERA FEVEREIRO. Kendall estava preparando algo. Saía de casa durante algumas horas, nos fins de semana, sem me dizer aonde ia. Encontrei algumas cópias impressas, na cozinha, com informações sobre abrigos de cães abandonados.

Com um tom de voz bastante severo, lembrei: "Kendall, eu lhe disse que não estou pronto para um novo cachorro. Temos Pepsi, que é suficiente para mim".

"Lauren está apenas dando uma olhada na internet", ela comentou.

Então minha filha se aproximou e me mostrou uma fotografia. "Olhe este cachorro, papai. Não é lindo? É cego e precisa de ajuda."

"Você está maluca?", respondi. "Vou deixar bem claro: nada de um novo cachorro!"

Uma semana se passou. Eu estava trabalhando no escritório de casa. Kendall e Lauren tinham saído para algum lugar. Chase me disse que elas haviam levado Pepsi para passear de carro. Demoraram muito, mas não me preocupei com isso.

Ouvi quando a porta da garagem foi aberta. Elas estavam de volta. Então, ouvi uma confusão lá em cima. Pepsi estava dando sua "corrida infernal" ao redor da casa. Mas ouvi algo mais.

"Ah, não... O que é isso?", murmurei. Antes que pudesse levantar para ver o que estava acontecendo, um cachorrinho desceu as escadas do porão para me saudar. "Ele não é lindo?", Kendall comentou, com grande sorriso na face.

"Eu lhe disse que era cedo demais para outro cachorro. Não posso acreditar que você não me consultou antes."

"Se eu lhe dissesse, você diria não", ela respondeu.

"Está certo, eu diria não. Precisaria de uns cinco ou seis meses para começar a considerar a possibilidade..."

Kendall se desculpou e disse que levaria o cachorro de volta no dia seguinte. Ela e Lauren haviam levado Pepsi a uma pet shop em Frederick, Maryland. Ali havia cachorros para adoção. Um deles, que dormia em uma gaiola, chamou a atenção delas. Tinha pêlo eriçado, e elas não conseguiam ver sua carinha. Então, o pegaram no colo, para observar como era. Olharam uma para a outra e perceberam que iam levá-lo para casa. Pepsi e o cãozinho também simpatizaram um com o outro. Este, por sua vez, ficou zanzando pela loja, atrás de Pepsi, como se dissesse: "Eu gostaria de ir para casa com você".

Quando a noite chegou, minha irritação foi diminuindo, como Kendall sabia que ia acontecer. Eu não podia deixá-la devolver o cachorro. Só Deus sabe o que poderia acontecer com ele se ninguém o adotasse. Era um destino pelo qual eu não queria assumir a responsabilidade. Um maravilhoso grupo de protetores, chamado Friends for Life Animal Rescue Inc., já o havia salvo da morte por eutanásia no abrigo local, porque após alguns meses de tentativas não havia sido encontrada uma família disposta a adotá-lo. Além disso, depois de algumas horas com aquela criaturinha, eu já me sentia ligado a ela. Ele não podia ser mais bonitinho — um mestiço poodle e lhasa apso, diziam (eu realmente acho que é parte terrier, mas o que sei sobre isso?). Tinha pouco mais de onze quilos, avaliei.

Posso dizer que ele se sentia feliz por estar em nossa casa. Explorou cada cômodo, farejando aqui e ali. Foi até cada um dos membros da família, como se estivesse se apresentando. Ele precisava e merecia uma família amorosa. A minha família.

Começamos a discutir que nome dar a ele. Lauren sugeriu Dewey, inspirada no drinque Mountain Dew. Kendall mencionou Fresca ou Fanta. Afinal, nossos outros cachorros se chamavam Pepsi e Sprite. Chase e eu não concordamos. Decidimos interromper o costume dos nomes de refrigerantes e insistimos em Griffen.

Mais uma vez foi dito a Kendall que o cão devia ter uns seis anos. Mais uma vez, calculei e neguei: "Não, é mais velho". Mais tarde, soubemos que tem onze. Kendall conseguiu saber alguns detalhes de seu passado e descobriu que seus donos concluíram ter uma vida muito agitada para mantê-lo. Queriam viajar mais. Então, perguntaram ao veterinário se deveriam encontrar um abrigo onde pudessem deixá-lo para adoção ou resolver o problema com a eutanásia. Você pode imaginar uma coisa dessas?! Simplesmente não posso me conformar com tanta desumanidade e egoísmo.

Mandei um e-mail para Chris, pedindo que fizesse um exame completo em Griffen. Queria me certificar de que, se houvesse algo errado com ele, faríamos todo o possível para ajudá-lo. Chris respondeu: "Nossa!". Ele ficou tão espantado quanto eu ao saber que Kendall havia trazido outro cão para nossa casa.

Depois de examiná-lo, Chris me disse que um de seus ouvidos havia sofrido uma severa infecção. Em seguida, avisou que teria de colocar uma focinheira nele, para fazer uma análise mais profunda, porque ia sentir muita dor. Meses depois, quinze (!!) dentes de Griffen tiveram de ser extraídos porque estavam em péssimo estado. E, em razão dos contínuos problemas com seu ouvido direito, recentemente ele teve uma obstrução total do canal auditivo, de modo que teve de ser extirpado. Se seus primeiros donos tivessem cuidado bem dele, o pobre cachorro não teria de sofrer tanto.

Griffen não teria mais que se virar sozinho. Recebeu excelente atenção médica e começou a ser tratado da melhor maneira. Durante os exames a que foi submetido posteriormente, soubemos que tinha um problema na válvula cardíaca. Mas, como qualquer um que tenha algo semelhante, sei que não há razão para que não viva mais alguns anos. Com certeza, assim espero.

Griffen está cercado agora de gente que o ama e tem um grande amigo que lhe fará companhia. Ele não terá mais que ficar imaginando onde está seu lar. Estamos trabalhando em seu treinamento doméstico, o que significa mais passeios de manhã cedo e tarde da noite. Mas não importa. Ele é uma alegria — nossa pequena alegria.

Momentos antes de Sprite morrer, eu o fitei bem dentro dos olhos e prometi que jamais o esqueceríamos. E penso nele muitas vezes ao dia.

Sprite jamais saberá todo o bem que proporcionou sua curta visita à Terra e os acontecimentos que desencadeou. Por causa dele me senti motivado a escrever este livro. Assim, parte dos direitos autorais que vou receber será oferecida a abrigos e grupos de resgate de animais que estão desesperadamente necessitando de comida, acomodações, tratamento veterinário e famílias amorosas, prontas a abrir seu coração a um desses filhotes. Cachorros resgatados, como quaisquer outros de sua espécie, apreciam cada gentileza.

Nada poderá substituir nossos amados Sprite, Pepsi e Griffen.

E, no final, os seres humanos são os felizardos!

*Apêndice*

# O espírito de Sprite

POUCOS DIAS DEPOIS que Sprite morreu, recebi muitos e-mails gentis e cartões de amigos e ouvintes. Saber que outras pessoas entendem o que é chorar a morte de um companheiro muito querido era um conforto para mim, e ainda o é hoje. Elas podem confortá-lo também.

---

**Hammer**

Vivi muitos anos e tive vários amigos caninos. Meu coração partiu a cada uma dessas perdas, porque eles fazem parte da família, sem dúvida.

Depois de retornar do Vietnã, onde fui testemunha ocular de muitos casos em que cães pastores alemães deram sua vida para salvar seus camaradas humanos, encontrei meu primeiro cão da raça, Duke.

Ele era corajoso, leal e protetor. Fazia realmente parte de mim. Éramos inseparáveis. Corríamos juntos. Viajávamos de automóvel. Éramos jovens. Podíamos nos comunicar sem palavras. Lutávamos um pelo outro. Quando ele estava para morrer e eu o levei às pressas para o veterinário, ele parecia já ter ido. Mas, com a última reserva de energia de seu ser, ele levantou e me afagou com o focinho. Os onze anos que convivemos foram os melhores de minha vida. Passaram depressa demais. Parte de mim morreu com meu querido amigo Duke.

Meus pêsames à família Levin. Aproveitem a presença de Pepsi e não tenham medo de ter outro mascote. Sempre nos enriquecemos com seu amor.

Com os dois pastores que tenho agora, somam sete os leais companheiros de minha vida. A cada perda houve sofrimento, mas a cada novo filhote houve alegria. A felicidade é muito maior que a tristeza. Enriquece minha alma.

Em memória de Sprite, honremos nossos companheiros e aproveitemos a satisfação que eles trazem.

---

**Flipper:**

Soube que você perdeu seu cachorro. Sinto muito. Fui incrivelmente ligado a todos os cachorros que já tive. Perder um mascote, especialmente se for um cão, é horrível. Muitas pessoas respeitam seus cães e sabem como são semelhantes aos seres humanos. Tivemos de sacrificar minha golden retriever há um ano. Ela estava com catorze anos. Estava comigo desde que era filhote. Nunca é fácil, mas ela nos ofereceu muita alegria e amor enquanto esteve conosco. Deixei que dormisse em minha cama desde o primeiro dia! Quero apenas apresentar minhas condolências. Espero que Sprite esteja no céu dos cachorros com a minha. Estamos planejando adotar, logo, um outro na sociedade protetora North Shore Animal. Seu cachorro está velando por você. Sei que a minha também está. Ainda sonho com ela.

---

**Rlusk1:**

Mark, minhas condolências. Também perdi meus dois cachorros. Oprah morreu em 2001 e Whitney, em 2004. Jamais consegui substituí-las por outros cachorros. Eu estava viajando quando Oprah morreu. Nada menos de três dias de distância. Tenho remorso por não ter estado lá, na hora. Aconteceu de repente, sem nenhum sinal. Mas sei que Deus me mandou um aviso de que está tudo bem. Estava em uma cabana, com amigos, e nos sentamos ao redor de uma fogueira para seu velório a distância. Senti algo roçar minha perna. Olhei para baixo e vi um filhotinho de retriever da mesma cor que minha

Oprah. O animal olhou para mim como se estivesse sorrindo e foi embora. Ninguém mais o viu, senão eu. Foi a maneira que Deus encontrou para me dizer que Oprah entendia por que não estive lá naquele momento.

---

**Paul:**

Mark, fiquei muito triste ao saber que você perdeu seu melhor amigo, Sprite. Tive um cachorrinho preto-e-branco que minha mãe adotou e que assumi depois que ela morreu, com apenas cinqüenta e oito anos. Sam viveu por mais quinze anos, até que tive de sacrificá-lo, quando teve câncer no cérebro. Eu também era o terceiro dono de um doce pastor alemão que odiava todo mundo, menos eu. Era um cachorro incrível. Seu nome era Sampson. Sam, o diminutivo. Tive dois cachorros ao mesmo tempo, ambos chamados Sam. Não faz muito tempo, um deles começou a ter pequenos ataques, que levavam esse cão magnífico a cair no chão, movimentando-se como um bebê que começa a andar, incapaz de manter-se em pé nem por um minuto a cada tentativa. Tive de sacrificá-lo para acabar com seu sofrimento. Prometi a ele que iria enterrá-lo no quintal que ele tanto amava e onde gostava de ficar caçando coelhos (sem jamais ter pego nenhum). Uma noite, por ocasião da Ação de Graças, levei o jipe até um lugar muito agradável lá nos fundos de casa e, deixando os faróis acesos para iluminar a área, e sob uma chuvinha muito fresca, aos prantos preparei o solo e lá depositei os restos mortais de meu amigo, com seus brinquedos e cobertor. Sam tinha cerca de nove anos. Quando vendi aquela casa, foi com pesar que disse adeus a ele (pela segunda vez). Isso aconteceu há uns seis anos, e, ao escrever isso, meus olhos ficam marejados.

Que incríveis seres amorosos são nossos cachorros! Até hoje não consigo ter outro. Fui policial quando morei em Nova York e fui ferido enquanto estava a serviço. Eu me aposentei em decorrência disso, então podia ficar todo o tempo com esses companheirões.

Sinto demais a falta deles e sei que você também terá saudade eterna do seu.

---

**Curador de museu:**

No dia 7 de dezembro de 1988, perdemos o cachorro da família, com quem cresci. Até hoje, o 7 de dezembro significa para mim não só o dia da infâmia como também aquele em que perdi meu leal e o bom amigo. Estou certo de que para nosso amigo Mark será a mesma coisa.

Meus pensamentos e orações à família Levin, Pepsi e nosso querido Sprite.

---

**Marion:**

Então, você se despediu dizendo: "Boa noite, Sprite..."

Tenho cachorros. Eu os amo. São minha família. Gostei muito quando você falou a respeito de Pepsi e Sprite. Aí, na noite em que nos contou do problema... e uma semana depois, em dezembro, após ficar fora do ar por alguns dias... senti quando Sprite se foi, mesmo que você não tenha falado a respeito, mais tarde.

Perdi três de meus cachorros entre março de 2000 e março de 2005 (sim, dois no mesmo dia, há cinco anos, não intencionalmente): Shadow e Odin estavam comigo desde que eram filhotes; tiveram boa e relativamente longa vida. A terceira, Lady Bug, era uma fêmea adotada, velhinha e gorducha. Três anos depois que a recolhi, foi vitimada por um súbito e terrível tumor, que a matou quatro dias depois de diagnosticado. Aquela perda foi devastadora, como levar um tremendo golpe na cabeça. Ainda sinto muitíssima falta das três; às vezes choro e até dou risada quando me lembro de suas travessuras. Todas foram cremadas. Parte das cinzas foi misturada e lançada em uma trilha onde gostamos de caminhar. O restante, colocamos separadamente em pacotes de presente, que costumamos colocar sob a árvore de Natal, onde elas sempre gostavam de ficar, quando vivas.

Apenas quero que você saiba que há com quem compartilhar tanto o amor quanto a dor da perda. Meus pensamentos estão com você, com seus animais de estimação — ambos, o que permaneceu e o que se foi — e com sua família.

# *Agradecimentos*

ALGUNS DIAS DEPOIS QUE SPRITE morreu, escrevi um pequeno artigo sobre ele. Passaram-se algumas semanas e decidi transformá-lo em livro. Imaginei que aquilo não só me ajudaria a lidar com a morte dele, mas também poderia ser útil a outras pessoas que sofreram (ou sofrerão) algo semelhante.

Não sei dizer quantas vezes tive de parar e fiquei bem próximo de abandonar o projeto. Pensava se alguém haveria de se interessar pelo que eu teria a dizer. Avaliava se não seria expor demais meus sentimentos e escancarar a vida de minha família. Houve momentos em que acreditei ser melhor vivenciar o luto de forma privada. Apesar de seu próprio sofrimento, minha mulher, Kendall, e meu filho, Chase, me encorajaram a continuar. Eles são pessoas maravilhosas e tenho imenso orgulho deles. Participaram ativamente de todo o processo de produção do livro. Foi, como nossa vivência com Sprite, Pepsi e Griffen, uma coisa de família.

Durante toda minha vida, meus pais, Jack e Norma Levin, foram sempre uma fonte de sabedoria e inspiração. Eles ofereceram seu apoio para minhas iniciativas e foram meus maiores fãs. São pessoas honradas e desinteressadas, que trabalharam a vida inteira. Estarei sempre em débito com eles por tudo o que me ofereceram, em palavras e exemplos. Foram, como meus irmãos, Doug e Rob, integralmente dedicados ao livro, como o são ao longo de minha vida.

Sou afortunado por ter muitos amigos queridos, em quem posso confiar e a quem faço confidências. Entre eles está David Limbaugh, soberbo advogado, colunista e autor de *best-sellers*. É também meu agente. Desde o começo, ele manifestou sua fé em minha capacidade de levar o trabalho adiante e na possibilidade de o livro ser muito bem recebido pelos leitores. Sou muito grato a ele.

Eric Christensen é meu vice-presidente da Fundação Landmark Legal e amigo de infância. Ocasionalmente, quando eu me recolhia em meu escritório, tarde da noite, para escrever, lhe pedia para compartilhar de minhas reflexões. Como sempre, seus conselhos foram sensacionais. Escrever este livro foi um processo muito doloroso emocionalmente, porque tive de relembrar passagens com minha família e os cachorros, quando a morte de Sprite ainda estava muito viva na memória. Eric foi muito compassivo e solidário todo o tempo.

Não sei o que teria feito sem o doutor Chris Hussion, que tanto ajudou Sprite e nossa família no momento em que mais precisávamos. Meus amigos Chris e os doutores Jessica Plant e Judy Bardsley, e a equipe do hospital veterinário Old Mill, fizeram todo o possível para prolongar a vida de Sprite, com conforto, até o final. São os verdadeiros heróis deste livro. Agradeço também ao doutor Norman Walters e aos seus colaboradores da clínica veterinária de Poolesville, da mesma forma que à sociedade protetora Montgomery County, que tão bem tomou conta de Sprite nos primeiros dias.

Rush Limbaugh e Sam Hannity são dois de meus mais íntimos confidentes. Eles me ajudaram quando Sprite morreu e foram entusiasmados defensores deste livro. Tenho o privilégio de ter sua amizade. Debra Burlingame sofreu mais do que qualquer ser humano poderia suportar. Tem muito mais força e fé do que jamais chegarei a ter. Ela foi e é uma inspiração.

Meu editor, Mitchell Ivers, é um presente extraordinário. Editou grandes livros de excelentes autores. É também um homem que ama cachorros. E demonstrou muito bem isso com suas contribuições, que tornaram a obra muito melhor. Quando propus escrever um livro sobre meus cachorros, houve quem duvidasse de que eu seria capaz de contar a história, porque parecia algo fora de meu perfil. Mas eu sabia que seria capaz, mesmo sendo algo completamente diferente do que fizera antes. Eu tinha de escrever isso. Mitchell sabia muito bem. Sou grato a ele. Mary Matalin, que eu conhecia e admirava havia muito tempo, foi uma tremenda fonte de encorajamento, a partir de seu cargo na editora Simon & Schuster Threshold.

Meus vizinhos merecem um agradecimento especial. São muito numerosos para que possa incluir seus nomes aqui. Mas vivo em uma comunidade notável, onde é fácil fazer e manter amigos. Muitos deles se envolveram na vida de Sprite intimamente. Jamais os esquecerei.

Ainda quero agradecer às pessoas extraordinárias que se dedicam a resgatar e cuidar de cães perdidos, maltratados e rejeitados, oferecendo a eles apoio financeiro para manter os abrigos e por abrir suas casas e corações à adoção. Vocês têm minha mais profunda admiração e gratidão. Vocês são muito especiais. Deus os abençoe.

Este livro foi composto em Veljovic Book
e impresso pela Edigraf sobre papel
offset 90 g para a Ediouro, em fevereiro de 2009.